Road to EIKEN2 Success

英検2級サクセスロード

尾崎哲夫

2週間キャンプ

わかるわかる英語シリーズ ④ ON

南雲堂

じこしょうかい

　読者のみなさんこんにちは。
　みなさんは高校生ですか。それとも社会人の方ですか。
　これからこの本の自己紹介をします。
　みなさんは、高校、大学、そして社会人になってからも英語を学び使っていきます。各級に分かれている英検は、みなさんの英語学習のステップとして一つの励みになります。この本は、**高校での学習をなぞるように、平行して勉強できるように書きました。**
　過去の代々木ゼミナール講師時代の経験や、現在の大学・短大での英検対策講義の経験をふまえて、ムリ・ムダなく勉強できるよう工夫しました。
　授業の語り口調でわかりやすく書き進めました。
　本文や黒板の説明を十分理解し、慣用表現などの例文もすべて記憶し、練習問題を繰り返し練習すれば必ず合格できると信じています。

　　それでは今度は『**英検準1級**』でお会いしましょう。

付記

　編集担当者として努力を惜しまれなかった、南雲堂編集部大井理江子さんに、この場を借りて心から御礼申し上げます。企画の段階からご援助して下さった、南雲一範社長にも御礼申し上げます。
　最後に、様々なアドバイスをしてくれた、和田忠明教諭にも感謝申し上げます。

∞∞∞∞∞ メ　モ ∞∞∞∞∞

　この本は、英検各級にまたがるシリーズの中の1冊です。
　例えば動名詞を説明するときに、私が説明する方法は一つです。その方法が一番わかりやすいと考えているからです。
　動名詞は、2級編にも準2級編にも出てきます。結果的に、動名詞についての同じ説明を繰り返すことになります。2級を勉強しているときに、準2級編で学んだ説明がまた出てきたら、ちょうどよい復習だと思って確認してください。

もくじ

1時間目	不定詞	7
2時間目	動名詞	27
3時間目	分詞	45
4時間目	仮定法	65
5時間目	比較	83
6時間目	必勝!! 練習問題	103

✐✐✐✐✐ この本の使い方 ✐✐✐✐✐

- まず、1時間目の本文をよく読んでください。
  英文が出てきたら、5回声を出して読んでください。
- もう一度本文を読み直し、この時はすべて覚えるようにしてください。（英文が出てきたら5回音読）
- 次に練習問題です。最初は本文を見ないで、テストのつもりでやってみましょう。
- 答えあわせをしていて、正解だったら✓印を左ページの問題番号に打ちます。
- もう一度本文を覚え直し、練習問題の✓印のついていないところに挑戦してください。

✐✐✐✐✐ 推薦したい本 ✐✐✐✐✐

(1)『英検2級単語集パートナー』（東洋経済新報社）
　　英検2級対策の単語集

(2)『ジーニアス英和辞典』（大修館）
　　定評あるすぐれた辞典

(3)『英検2級合格プログラム』（三修社）

1 英検英文法の超エース＝準動詞

準動詞は、英検や大学入試などに出題される英文法のエースです。不定詞を、準動詞のトリオの中でおさえていきましょう。

準動詞は、① 不定詞 ② 動名詞 ③ 分詞＋分詞構文 です。

```
① 動名詞    ＝ 動詞 ＋ 名詞
② 分詞      ＝ 動詞 ＋ 形容詞
②´分詞構文  ＝ 動詞 ＋ 副詞
③ 不定詞    ＝ 動詞 ＋ ｛ 名詞
                         形容詞
                         副詞
```

動名詞 ＝ 動詞 ＋ 名詞
分詞 ＝ 動詞 ＋ 形容詞
分詞構文 ＝ 動詞 ＋ 副詞
不定詞 ＝ 動詞 ＋ 名詞／形容詞／副詞

2　不定詞とは

動名詞は動詞＋名詞ですが、**不定詞は、動詞＋名詞・形容詞・副詞**です。
三つも相手があって、不定（詞）なのです。

---

① **名詞的用法**
　S, O, C, 前置詞の目的語　→　「～すること」と訳す
　To know is one thing, to teach is another.
　　（Sになっている）　　　（Sになっている）

　（知っているという事と、教えるという事は別である）

② **形容詞的用法**
　直前の名詞を説明
　I have lots of things to do tonight.
　　　　　　　　　　直前の名詞 things を説明

　（今晩、することがたくさんあるんです）

③ **副詞的用法**
　名詞的・形容詞的以外の用法
　I bought the book to master English.
　　　　　　　　　　～するために
　　　　　　　　　　「目的」を表す

　（私は、英語をマスターするためにその本を買った）

3 不定詞の否定

不定詞の否定は、**不定詞の意味内容だけを否定する**もので、文全体を否定する否定文とは異なります。
不定詞の否定は、to + 動詞の原形の直前にnotを置けばOK!

---

① **不定詞の否定**
　You are required not to smoke in this room.
　　　　　　　　　このnotはto smokeを否定→「タバコを吸わないよう」
　（あなたは、この部屋の中ではタバコを吸わないように要求されています。
　　→ この部屋の中ではタバコを吸わないで下さい）

② **否定文**
　You are not required to smoke in this room.
　　　　　否定文を　　　　　　フツーの不定詞
　　　　　形成
　（あなたは、この部屋の中でタバコを吸うことを要求されていない。
　　→ この部屋でタバコを吸わなくてもいいです）

---

4 不定詞の完了

不定詞の完了は、不定詞の部分が述語動詞より一つ以前の時制であることを示します。
現在完了とは無関係です。

1時間目　不定詞

つまり、**述語動詞の時制（＝英文全体の時制）**と、**不定詞の時制**にずれがあるのです。
形は、**to + have + 過去分詞**です。

```
Jack seems to have been wealthy.
     現在時制

= It seems that Jack was wealthy.
     現在時制      過去
              ズレ
（ジャックは、裕福だったようです）
```

5　不定詞の受け身

不定詞は動詞の性格を残していますので、受け身もあります。

```
You have a little brother to be taken care of.
                       be + 過去分詞は
                       受け身の大原則
（あなたには、世話されるべき幼い弟がいる）
```

不定詞の受け身は、**to + be + 過去分詞**です。

6　不定詞の意味上の主語

不定詞の意味上の主語というと難しそうですが、結局、不定詞の動作主のことです。

> ① It is dangerous to go out in the evening.
> 　(S) V₂　　C　　　　　　真S
> 　↓
> 　第2文型なのでV₂　　本当の主語→Itへ代入
>
> ② It is dangerous for her to go out in the evening.
>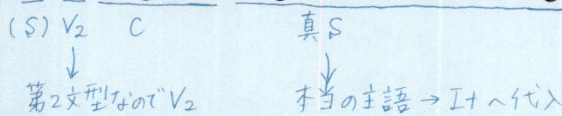
> go「行く」人は彼女(her)
> go「行く」という動作をする人は彼女(her)
>
> (① 夜、外出することは危険です)
> (② 彼女にとって、夜、外出することは危険です)

上の黒板において、②の場合 go out する（外出する）のは彼女なわけです。
She goes out. というわけです。

1時間目　不定詞

7　for が of に代わる

ところが、前ページの黒板のfor her（for 人間）が、of her になる場合があります。
ヒジョーによくでるパターンです。

It isの後ろの形容詞が人間の性質を表す場合、for ではなくof を使うのです。

```
It is very kind of you to give me advice.
```
人間の性質を示す形容詞
for you でなく of you
（アドバイスをいただき、ありがとうございます）

13

8　原型不定詞

大学・高校・予備校の教師に、「英文法において、資格試験にいちばん出やすいパターンは何ですか」とアンケートをとったら、前頁の 'It is 人間の性質 of ～' と、次の'原形不定詞'と、その次の 'have / get + 目的語 + 過去分詞' の三つのパターンを選ぶでしょう。

不定詞は to + 動詞の原形ですが、原形不定詞は to のない不定詞です。

9　第五文型と原形不定詞

ちょっと遠回りですが、この原形不定詞を説明するには第五文型の復習が必要です。
第五文型は、**やさしい第五文型**と**難しい第五文型**に分けて考えます。

---

① **やさしい第五文型**

I　call　him　Jimmy.
S　V5　O　　C
　　　　O＝C

（私は彼をジミーと呼ぶ）

② **難しい第五文型**

I　heard　my　name　called.
S　V5　　　O　　　　　C
　　　　　Ⓢ――Ⓥ

補語Cのところに ｛現在分詞／過去分詞／不定詞｝ がくる．

（私は私の名前が呼ばれるのを聞いた）

1時間目　不定詞

要するに、やさしい第五文型はO＝Cになります。
難しい第五文型はOとCの間にS＋Vがあり、Cに ｛現在分詞 / 過去分詞 / 不定詞｝ がきます。

《難しい第五文型》
① 補語に**現在分詞**がくる場合
  I heard her singing a song in the bathroom.
  S V5   O   C
          Ⓢ—Ⓥ
  I heard ⊕ She was singing a song〜. と考える

  （私は彼女がお風呂の中で歌を歌っているのを聞いた。）

② 補語に**過去分詞**がくる場合
  I saw the man run over by a taxi.
  S V5   O   C
          Ⓢ—Ⓥ
  I saw ⊕ The man was run over by a taxi.
          と考える
  （私はその人がタクシーにひかれるのを見た）

③ 補語に**不定詞**がくる場合
  I found her to be honest.
  S V5   O   C
          Ⓢ—Ⓥ
  I found ⊕ She is honest. と考える

  （私は彼女が誠実だとわかった）

10　原形不定詞に戻りましょう

原形不定詞は、前頁の黒板の ③ の例外パターンです。

前頁の黒板の ③ 補語に不定詞がくる場合において、たまたま動詞が $\begin{Bmatrix}知覚動詞\\使役動詞\end{Bmatrix}$ の場合、不定詞の to が取れてなくなるというパターンです。

---

① 知覚動詞の場合
　I saw her run in the playground.
　S　V5　O　C
　　　↓　　　↘
　コレが　　　to run のはずなのに run になる。
　知覚動詞
　　なので
（私は彼女が運動場の中で走っているのを見た）

② 使役動詞の場合
　I made Bill confess.
　S　V5　O　　C
　　　↓　　　　↘
　コレが　　　to confess のはずなのに confess になる。
　使役動詞なので
（私はビルに告白させた）

1時間目　不定詞

11　知覚動詞とは？

知覚動詞とは、人間の知覚・感覚を表す動詞です。

《知覚動詞＝感覚動詞》
① see（見える）look at（見る）watch（視る）
② hear（聞く）listen to（聴く）
③ feel（感じる）

12　使役動詞とは

使役動詞とは人を役目に使う動詞です。
「窓を拭かせる」「掃除をさせる」など、人を使うわけです。
「～させる」と訳します。

《使役動詞》
① make（～させる）　　強制的使役
② let（～させる）　　　許可的使役
③ have（～させる）　　普通の使役

ただし**使役動詞の中でも、get の場合は原形不定詞をとらずふつうの不定詞で OK** です。
'メイク, レット, ハブ 使役三人組＋仲間外れの get' と覚えて下さい。

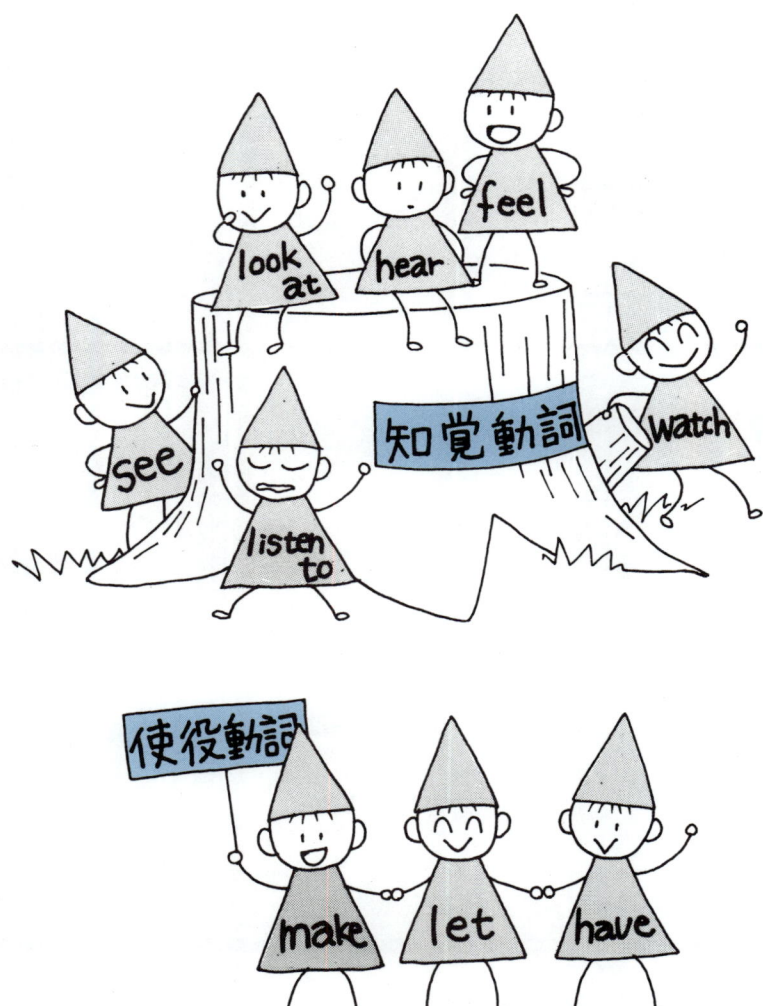

13 不定詞の慣用表現

たくさんありますが、必ず全部覚えましょう。

① **to tell the truth**「本当のことを言うと」

② **to make matters worse**「さらに悪いことには」

③ **to do ～ justice**「公平に見れば」 ※～には人がくる

④ **so to speak**「いわば」「言ってみれば」
= as it were = what we call = what you call
He is { so to speak / as it were / what we call } a genius.
（彼はいわば天才です）

⑤ **not to { speak of ～ / mention ～ }**「～は言うまでもなく」
= to say nothing of ～
She speaks French, { not to speak of / not to mention / to say nothing of } English.　「発言する」
（彼女は、英語は言うまでもなくフランス語も話します）

⑥ **not to say ～**「～とは言わないまでも」
It was cool, **not to say** cold last night.
（昨晩は、寒いとは言わないまでも涼しかった）

⑦ to begin with「まず第一に」
 ＝ first of all ＝ in the first place

⑧ to be brief「手短に言うと」　brief は「短い」

⑨ to be frank with you「率直に言って」
 ＝ frankly speaking

⑩ strange to say「奇妙なことだが」

⑪ needless to say「言うまでもなく」
 ＝ It goes without saying that 〜
 Needless to say, getting up early is important.
 （言うまでもなく、早起きは大切です）

14　目的を示す不定詞の慣用パターン

不定詞の慣用パターンには、「目的」を示すパターンがあります。「〜するために」「〜する目的のために」と訳します。

I will get up early { to / so as to / in order to } meet her.
（私は、彼女に会うために早起きをするつもりです）
＝ I will get up early { so that / in order that } I can meet her.

（may も可）

1時間目　不定詞

> 上と下の書き換えトリオは次のように対応しています。
> $$\begin{pmatrix} & \text{to} & \\ \underline{\text{so as to}} & \longleftrightarrow & \underline{\text{so that}} \\ \underline{\text{in order to}} & \longleftrightarrow & \underline{\text{in order that}} \end{pmatrix}$$

15　「非常に〜なので…」パターン

「非常に〜なので…」と訳す慣用表現もあります。

---

① **so 〜 as to** …
　The girl was **so** kind **as to** help me.

② **〜 enough to** …
　The girl was kind **enough to** help me.
　直訳は、「この少女は、私を助けてくれるに十分親切だった」

③ **so 〜 that**
　The girl was **so** kind **that** she helped me.

④ She was $\begin{Bmatrix} \text{so kind a} \\ \text{such a kind} \end{Bmatrix}$ girl **that** she helped me.
　この2つは、冠詞 'a' の位置に注意

（①〜④　その少女は非常に親切なので、私を助けてくれた）

練習問題

♣ （　）に適語を入れよ♣

① I studied hard (　　) as (　　) enter the college.
　 I studied hard (　　) that I $\left\{\begin{array}{l}\text{could}\\(\ \ \ )\\(\ \ \ )\end{array}\right\}$ enter the college.

　（短大に入るために、一生懸命学んだ）

② The girl is (　　) kind (　　) everybody loves her.
　（その少女は親切なので、みんな彼女を好いている）

③ I worked hard (　　) as (　　) (　　) fail.
　 = I worked hard for (　　) that I (　　) fail.
　 = I worked hard (l　) I (　　) fail.
　 = I worked hard for (　　) (　　) failing.
　 = I worked hard in (　　) (　　) succeed.
　 = I worked hard (　　) as (　　) succeed.

④ (　　) (　　) (　　) (　　), I caught a (　　).
　（さらに悪いことに、私は風邪をひいた）

⑤ She found (　　) hard to get along (　　) her husband.
　（彼女は、夫と仲良くしていくのは難しいとわかった）

⑥ She is (　　) (　　) (　　) (　　) a bicycle.
　（彼女は年をとりすぎていて、自転車に乗れない）

1時間目　不定詞

✤ヒント✤
① p.20の展開
　2行目の $\begin{Bmatrix} \text{could} \\ \text{might} \\ \text{would} \end{Bmatrix}$ の部分は $\begin{Bmatrix} \text{can} \\ \text{may} \\ \text{will} \end{Bmatrix}$ の過去形。

② p.21の展開

③ ①を逆にしたもの。
　$\begin{cases} \text{①が「目的」「～するために」} \\ \text{③が「否定目的」「～しないために」} \end{cases}$
　1行目は「目的」に not をつけて「否定目的」にしたもの。
　5,6行目は fail の代わりに succeed にして「否定目的」を「目的」にしたもの。
　③は問題文すべて覚えて下さい。

④ catch (a) cold「風邪をひく」

⑤ get along with ～「～と仲良くしていく」
　仮目的語のパターン

⑥ too ～ to …「…するには～しすぎている」
　= She is **so** old **that** she can't ride a bicycle.

✤解答✤
so / to
so
might
would

so / that

so / not / to
fear / should
lest / should
fear / of
order / to
so / to

To / make
matters
worse / cold
it / with

too / old
to / ride

練習問題

✤ (　) に適語を入れよ ✤

① The actress was (　) well (k　) (　) (　) need no introduction.
（その女優はとても有名だったので、紹介の必要もないぐらいだった）

② I will have to get up at seven so (　) (　) (　) the first train.
= I will have to get up at seven for the purpose (　) (　) the first train.
（私は始発電車に間に合わせるため、七時に起きなければならない）

③ She is pretty, (　) (　) (　) beautiful.
（彼女は美人とはいわないまでもかわいい）

④ The boy is, (a　) it (　), a walking dictionary.
　 The boy is (　) we (　) a walking dictionary.
　 The boy is (　) to (　) a walking dictionary.
　 The boy is (w　) is (　) a walking dictionary.
（その少年はいわば生き字引です）

⑤ I saw him (　) (　) the street.
（私は彼が通りに沿って走っているのを見た）

⑥ He got me (　) (　) (　) of the room.
（彼は私を部屋から出て行かせた）

1時間目　不定詞

❖ヒント❖

① so + 形 + as + to + V のパターン
　有名な ｛well known / famous / notable / renowned｝ ｛introduce「紹介する」/ introduction「紹介」｝

② p.20の「目的」パターンの応用として
　for the purpose of Ving
　　　　　　　　「Vする（目的の）ために」
　catch「間に合う」⇔ miss「乗りそこねる」

③ p.19参照

④ すべてよく出るのでまとめて覚えよう。
　what は関係代名詞で書き換えると
　the thing which となる。
　what we call = the thing (which we call)
　=「私たちが呼ぶこと」
　=「私たちが言っていること」→「いわば」

⑤ I saw him running.
　　S　V5　O　　C
　　　　　　(S)→(V)

⑥ この get は使役動詞だが、原形不定詞ではなく普通の不定詞。
　p.17参照

❖解答❖

so / known
as / to

as / to
catch
of / catching

not / to / say

as / were
what / call
so / speak
what / called

run (running)
along

to / go / out

ステップアップ

区別しよう

p.20, 21の $\begin{cases} \text{so と that} \\ \text{so と as to} \end{cases}$ を使うパターンを区別して下さい。
再録します。

$\begin{cases} \text{① I will get up early so as to meet her.} \\ \qquad\qquad\qquad\qquad\text{3つがくっついている} \\ \text{② The girl was so kind as to help me.} \\ \qquad\qquad\qquad\text{形容詞がはさまれている} \end{cases}$

$\begin{cases} \text{①' I will get up early so that I can meet her.} \\ \qquad\qquad\qquad\qquad\text{2つがくっついている} \\ \text{②' The girl was so kind that she helped me.} \\ \qquad\qquad\qquad\text{形容詞がはさまれている} \end{cases}$

この二つの区別を明確にして下さい。

1　動名詞とは

もう一度、8ページの黒板を見て下さい。
準動詞の中で動名詞を位置づけて下さい。
動名詞は、動詞＋名詞でしたね。
動詞の性質を残しつつ、名詞の性質を獲得したものです。
形は、**動詞 ＋ ing** で「〜すること」と訳せます。

2　名詞の性質

動名詞は、動詞の性質を残しつつ名詞の性質を獲得したわけですから、名詞の性質を理解することが、動名詞理解の第一歩です。
名詞は、日本語文法で説明すると、ものの名前の詞**です。**
英文法では、① 主語になる ② 目的語になる ③ 補語になる ④ 前置詞の目的語になる、品詞として説明されます。

3　名詞の四つの性質

名詞の四つの性質を、動名詞に置き換えて説明します。

---

① **主語になるケース**

　　Writing a letter in English is not so easy.
　　　　S　　　　　　　　　　　V₂　　　C
　　主語になっている

　　（英語で手紙を書くことは、そんなに簡単ではありません）

---

② 目的語になるケース

Do you mind my smoking here ?
　　S　V₃　　　O
　　　　　　　目的語になっている

（あなたは、ここで私がタバコを吸うことがイヤですか。
　→ ここでタバコを吸っていいですか）

③ 補語になるケース

Seeing is believing.
　S　V₂　C
　　　　補語になっている

（見ることは信じることです
　→ 百聞は一見に如かず
　→ 百回聞くよりも一回見るほうが納得できる）

④ 前置詞の目的語になるケース

My sweetheart left the room without saying good-bye.
　　　　　　　　　　　　　　　前置詞 without の
　　　　　　　　　　　　　　　目的語になっている

（私の恋人は、さよならも言わずに部屋を出て行った）

4　動名詞の否定

「動名詞の否定」とは、動名詞の部分のみを否定することです。
文全体を否定する否定文とは、まったく異なります。
例文を見て下さい

> My mother is proud of not being idle.
>
> (母は怠け者でないことを自慢している)
> ※be proud of ～ 「～を自慢する」

上の黒板の not は、動名詞の being の部分を否定していますね。
「怠け者である」ことを否定して、「怠け者でない」と表現しているのです。次の英文と比較して下さい。

> She is not proud of being idle.
>   否定文を　　　　フツーの
>   　形成　　　　　動名詞
>
> (彼女は怠け者であることを自慢してはいない)

上の文の not は、英文全体を否定する働きをしていますね。
なお、上の例文の idle は「怠け者」という意味ですが、idol は「アイドル」「偶像」という意味です。
日本語でも、「木村拓哉はアイドルだ」のように使いますね。

2時間目　動名詞

5　動名詞の完了

「動名詞の完了」とは、動名詞の表す内容の時制が述語動詞の時制より一つ前を表現するものです。
現在完了とは無関係です。
形は、**having** ＋ 過去分詞です。
例えば、述語動詞の時制が現在なら、動名詞の完了は過去時制を示します。述語動詞の時制が過去なら、動名詞の完了は過去完了時制を表します。

> Mr. Suzuki regrets having eaten cheesecake yesterday.
> 　　　　　　現在時制　　完了形の動名詞
> 　　　　　　　　　　述語動詞 regrets の現在時制より
> 　　　　　　　　　　一つ前の時制（過去）を示す
>
> （鈴木さんは、昨日チーズケーキを食べてしまったことを後悔している）
> ＝ Mr. Suzuki regrets that he ate cheesecake yesterday.
> 　　　　　　　現在時制　　　　　過去

後悔しているのは現在で、チーズケーキを食べたのは過去（yesterday）ですね。

6　動名詞の受け身

動名詞は動詞の性質も残していますから、受動態を持っています。動名詞の部分を受け身のように訳せばいいわけです。
形は、**being**＋過去分詞です。

Nobody likes being scolded.
beingのbeとscoldedで
be＋過去分詞になり、受け身の大原則と
合致している。

（誰だって叱られるのは好きではありません）
※scold「叱る」

上の英文を次の英文と比べると、わかりやすいでしょう。

The teacher likes scolding.
フツーの
動名詞

（その先生は叱ることが好きだ）

7 動名詞の意味上の主語

「動名詞の意味上の主語」というとムズカシそうですが、要するに**動名詞の動作の主**のことです。
動名詞の動作をする人間のことなんです。
文の主語と動名詞の意味上の主語が異なる場合に、この動名詞の意味上の主語を明記する必要があります。
動名詞の直前に、**my** や **his** などの人称代名詞の所有格を置きます。

---

① Mr. Brown insisted on paying the debt.

② Mr. Brown insisted on my paying the debt.
　　　　　　　　　　　　　payするのは my = I → 私

※debt「借金」
（① ブラウン氏は、その借金を払うと主張した
　　→ 払うのはブラウン氏）
（② ブラウン氏は、その借金を私が払うべきだと主張した
　　→ 払うのは私）

どちらの文でも、「主張した」のはブラウン氏です。
①では、「払う」のはブラウン氏です。
②では、「払う」のは私です。

8　動名詞の応用

それでは、動名詞の文法項目が重複している場合を検討していきましょう。下の黒板を look at！

> Kazuo boasts of having been educated in the States.
> 　　　　　　　　　動名詞の完了形と
> 　　　　　　　　　受け身形のダブル
> ※boast of ～＝ be proud of ～＝ take pride in ～
> ＝「～を誇りにしている」　　この三つは必ず覚えて下さい！
> （和夫は、合衆国で教育を受けたことを誇りにしている）

上の英文は、5ページの「動名詞の完了」と「動名詞の受け身」が重なったものです。
形は、**having ＋ been ＋ 過去分詞**　です。

9　動名詞の慣用表現

> ① **go Ving**　「V しに行く」
> She often goes swimming in the pool.
> （彼女はよくプールへ泳ぎに行く）

② **feel like Ving** 「Vしたい気がする」

feel like で「好きに感じる」→「したい気になる」

I **felt like talking** to her.
（私は彼女に話しかけたい気がした）

③ **cannot help Ving** 「Vせざるを得ない」
= **cannot but V**
I **cannot help studying** English.
（私は英語を勉強せざるを得ない）
= I **cannot but study** English.

④ **look forward to Ving** 「Vすることを楽しみにする」

forward は「前」、look forward で「前を見る」→「楽しみにする」

I am **looking forward to seeing** you in Hokkaido.
（私は、北海道であなたにお会いできることを楽しみにしています）

⑤ **on Ving** 「Vするとすぐに」「Vしたとたんに」
On entering the room, the girl began to cry.
（部屋に入るとすぐに、その少女は泣き始めた）

⑥ **object to Ving** 「Vすることに反対する」
She **objected to singing** a song.
（彼女は、歌を歌うことを嫌がった）

object { 動 反対する / 名 目的物、目的語 / 名 物体 }

⑦ **It goes without saying that ～** 「～は言うまでもない」
　= **Needless to say, ～**
　It goes without saying that honesty is the best policy.
　（正直が最善の策であることは言うまでもない）

　Itは仮主語で、that以下が真主語なので、that以下をItに代入。
　without sayingは言わなくても → 言うまでもない。

⑧ **It is no use Ving** 「Vしても無駄である」
　It is no use crying over spilt milk.
　（こぼれたミルクについて泣いても無駄である
　　→ 覆水盆に返らず）

⑨ **There is no Ving** 「Vできない」
　= **It is impossible to V**
　There is no accounting for tastes.
　（好みは説明できない → 蓼食う虫も好きずき）
　※ account for ～「～を説明する」, taste「好み・趣味」

⑩ **in Ving** 「Vするときに」「Vする際に」
　= **when S´ + V´**
　Be careful **in crossing** the street.
　（通りを横断するときには気を付けなさい）
　= Be careful **when you cross** the street.

⑪ **be busy Ving** 「Vするのに忙しい」
　My mother **is busy cleaning** the room.
　（母は部屋を掃除するのに忙しい）

⑫ **of one's own Ving**「～自身でVする」
　The girl has a sweater **of her mother's own knitting**.
　(その少女は、彼女のお母さんが作ったセーターを持っている)

⑬ **be used to Ving**「Vすることに慣れている」
　The boy **is used to fighting**.
　(その少年は喧嘩をすることに慣れている)
　過去の習慣・事実を示す used to とまちがえないように。

⑭ {**never** / **can't**} ～ **without Ving**「～すれば必ずVする」
　They {**never** / **can't**} meet **without quarreling**.
　= **Whenever** they meet, they quarrel.
　= **When** they meet, they **always** quarrel.
　= They {**never** / **can't**} meet **but** they quarrel.
　(彼らは口論なしには会わない
　　→ 彼らは会うとすぐに喧嘩になる)

⑮ **lose no time in Ving**「すぐにVする」
　She **lost no time in beginning** to talk.
　(彼女はすぐに話し始めた)
　lose no time 「時間を失わない」
　in Ving 「Vする時に」
　→ 「Vする時に時間を失わない」
　→ 「すぐにVする」

⑯ **worth Ving**「Vする価値がある」
　The plan is **worth carrying** out.
　= It is **worthwhile** { **carrying** / **to carry** } out the plan.

（その計画は実行する価値がある）
※carry out「実行する」

⑰ **What is the use of Ving**？
「Vして何の役に立つというのか →Vしてもムダでしょ？」
What is the use of complaining？
（文句を言って何の役に立つというのか）

⑱ { **what do you say to** / **what about** / **how about** } **Ving**　「Vするのはどうですか →Vしませんか」
What do you say to taking a picture？
（写真を撮りませんか）
= { **Shall we** / **Why don't we** } take a picture？
= **Let's** take a picture.

what do you say to Ving の直訳は
「Ving に対してあなたは何を言うか」

⑲ **be in the habit of Ving**

直訳は「Ving の習慣の中にいる」
※habit は「習慣」

= **make a point of Ving**
「Vすることにしている、Vする習慣にしている」
I am in the habit of brushing my teeth after meals.
（私は、食後に歯を磨く習慣にしている）

2時間目　動名詞

= I make it a rule to brush my teeth after meals.
※meal「食事」　brush「磨く」「ブラシ」

⑳ come near Ving「あやうくVしそうになる」

直訳は「Vingの近くまで来る」

The girl **came near being** run over by a truck last evening.
(その少女は、昨晩あやうくトラックにひかれそうになった)

※なお、p.35の⑤は次のように書き換えて展開できます。
= **As soon as** the girl entered the room, she began to cry.

= The girl had { **hardly** / **scarcely** } entered the room { **when** / **before** } she began to cry.

= The girl **no sooner** entered the room **than** she began to cry.

= { **Hardly** / **Scarcely** } had the girl entered the room { **when** / **before** } she began to cry.

強調語である (hardly / scarcely) を文頭に。
そして助動詞hadを次に。

= **No sooner** had the girl entered the room **than** she began to cry.

強調語であるno soonerを文頭に。
そして助動詞hadを次に。
　※no soonerのerはもともと比較級。
　　だからthanが後に来ると考えて下さい。

練習問題

❖ （　）に適語を入れよ❖

① It is impossible to deny the truth.
　There is (　) denying the truth.
　（その真実を否定することは出来ない）

② I am sorry for being late.
　I am sorry that I (　) late.
　（遅れて申し訳ありません）

③ I could not (　) sympathizing with him.
　I could not but sympathize with him.
　（私は彼に同情せざるをえなかった）

④ I felt (　) denying the story.
　I felt inclined to deny the story.
　（私はその話を否定したい気がした）

⑤ She is (　)(　)(　) up early.
　（彼女は早起きに慣れている）

⑥ We are looking (　)(　) seeing you again (　) in Canada (　) in Japan.
　（私達は、カナダか日本のどちらかで再びあなたに会うことを楽しみにしている）

⑦ This is a sweater which she made by herself.
　This is a sweater of her own (　).
　（これは彼女自身がつくったセーターである）

2時間目　動名詞

♣ヒント♣

① There is no ～ing　慣用表現

② being は前置詞 for の目的語になっている。

③ can't help ～ing　慣用表現
　※sympathize「同情する」

④ feel like ～ing　慣用表現

⑤ be used to Ving「Vすることに慣れている」
　used to V の助動詞 used to（過去の習慣，
　事実を示す）とまちがえないように
⑥ 英検にいちばんよく出るパターン
　either A or B「AかBかどちらか」
　neither A nor B「AもBもどちらも～ない」

⑦ of one's own ～ing　動名詞慣用表現。
　(sweat「汗」
　(sweater「セーター」

♣解答♣

no

am

help

like

used / to
getting

forward / to
either / or

making
　(or knitting)

練習問題

✤ (　　) に適語を入れよ ✤

① (　　) is (l　　).
（教えることは学ぶこと）

② I (　　) (　　) (s　　) the child.
（私はその子供を甘やかすことに反対した）

③ She is (　　) (　　) (　　) (　　) (　　).
（彼女はピアノを弾くことが得意だ）

④ She is (p　　) (　　) (　　) (　　) (　　) in America.
（彼女はアメリカで教育を受けたことを誇りにしている）

⑤ I (　　) (　　) (w　　).
（私は泣きたい気がした）

⑥ He (　　) (　　) (　　) going to the meeting on (b　　) (　　) the president.
（彼は、社長の代わりに私がその会議に行くよう主張した）

⑦ She (l　　) (　　) (　　) (　　) making a (　　) in (　　) (　　) the crowd.
（彼女はすぐに群衆の前で演説を始めた）

⑧ Canada is (　　) (　　) (　　) (　　).
（カナダは三度訪れる価値がある）

2時間目　動名詞

♣ヒント♣

① 動名詞がSとCになる。

② 「甘やかす」「ダメにする」はspoil。

③ be good at Ving 「Vする事が得意」

④ 完了形でしかも受け身の動名詞。

⑤ feel like Ving 「Vしたい気がする」
　「泣く」$\begin{cases} \text{cry（叫ぶ）weep（普通に泣く）} \\ \text{sob（しくしく泣く）} \end{cases}$

⑥ 動名詞の意味上の主語myが必要。
　on behalf of 「〜の代わりに」

⑦ lose no time in Ving 「すぐにVし始める」

⑧ = It is worthwhile $\begin{cases} \text{to visit} \\ \text{visiting} \end{cases}$ Canada.

♣解答♣

Teaching
learning

objected / to
spoiling

good / at
playing
the / piano

proud / of
having / been
educated

felt / like
weeping

insisted / on
my
behalf / of

lost / no
time / in
speech
front / of
worth
visiting
three / times

ステップアップ

♣♣♣♣♣♣ 動名詞の例外 ♣♣♣♣♣♣

《形は能動、意味は受動の動名詞》

次の黒板の動名詞は極めて例外的です。
形は普通の動名詞ですが、意味は受け身です。

---

(1) That sweater **needs washing**.
 = That sweater **should be washed**.
 （そのセーターは洗濯される必要がある
  → そのセーターは洗濯しなければならない）

(2) That personal computer **wants repairing**.
 = That personal computer **should be repaired**.
 （そのパソコンは修理される必要がある
  → そのパソコンは修理しなければならない）
 ※mend = repair = fix 「修理する」

3時間目

分詞

1 分詞とは

分詞は、**動詞の性質を残しつつ形容詞の性質を獲得したもの**です。
(もう一度p.8を見て下さい)
現在分詞 'Ving' と過去分詞 'Ved' の二つがあり、現在分詞は能動的に訳し、過去分詞は受動的・完了的に訳します。
まず形容詞の性質から復習することが、分詞征服の近道です。

2 形容詞とは

日本語文法では、形容詞は、①**名詞を説明する** ②**「〜い」で終わる**、と説明されています。
例えば、「小さい」「広い」「美しい」などです。
名詞を組み合わせると、「小さい子供」「広い海」「美しい花」になります。
英文法では次の二用法をしっかり理解することが重要です。

---

① 補語用法
　The girl is pretty.
　　　　　　　補語になっている

　(その少女はかわいい)

② 説明用法
　She is a pretty girl.
　　　　　　　名詞を説明している

　(彼女はかわいい少女です)

3 話を分詞に戻すと

前ページの黒板の形容詞の部分に、分詞をあてはめてみます。

① **補語用法**
　The girl came running.
　　　　　　　　　　　補語になっている。
　（その少女は走ってやって来た）

② **説明用法**
　I know the running girl.
　　　　　　　　　　名詞 girl を説明している
　（私はその走っている少女を知っている）

4 説明用法

説明用法を全部説明してしまいましょう。

① 現在分詞で名詞の前に来るケース
   Do you know that singing singer?

   (あなたはあの歌っている歌手を知っていますか)

② 現在分詞で名詞の後に来るケース
   Look at the man making a speech over there.

   (むこうの方で演説をしている男を見てごらん)

③ 過去分詞で名詞の前に来るケース
   He died of a broken neck.

   (彼は、首の骨を折って死んだ)

④ 過去分詞で名詞の後に来るケース
   She has a knife made in Germany.

   (彼女はドイツで作られた ── ドイツ製のナイフを持っている)

3時間目　分詞

前ページの黒板で、分詞が名詞の前に来たり後に来たりしていますね。分詞が単独の場合は、あまりジャマにならないので名詞の前に入ります。分詞が仲間をつれている場合は、おジャマ虫になり過ぎるので名詞の後に遠慮がちに入ります。
現在分詞は能動的に訳し、過去分詞は受動的・完了的に訳すということはすでに述べました。

5　補語用法

補語用法を説明しましょう。

---

①**第二文型で現在分詞の場合**

The boy stood singing.
　S　　V₂　　C
　　　　　　補語になっている

（彼は歌いながら立っていた）

　　The boy stood.
+) The boy was singing
　　The boy stood singing.

②**第二文型で過去分詞の場合**

Mary sat surrounded by the boys.
　S　　V₂　　　C
　　　　　　補語になっている

（メアリーは少年達に囲まれて座っていた）

　　Mary sat
+) Mary was surrounded〜
　　Mary sat surrounded〜.

> ③ 第五文型で現在分詞の場合
> I heard the girl playing the piano.
> S V_E O C
> (S)—(V)
>
> （私はその少女がピアノを弾いているのを聞いた）
>
> ④ 第五文型で過去分詞の場合
> I heard my name called.
> S V_5 O (S)—(V) C
>
> （私は自分の名前が呼ばれるのを聞いた）

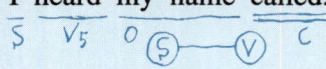

上の黒板は、p.14の第五文型の説明と重なります。
非常に大切なところなので、必ず復習・参照して下さい。

6　分詞構文

ここで分詞構文の説明をします。
言語には、「言葉の経済」という法則があります。
意味が通じるならなるべく短くするという法則です。
たくさんしゃべるとおなかがすくし、たくさん書くとシャープペンの芯が減りますからね。
「どうもお久しぶりです、こんにちは、お元気ですか」と言わずに、「どうも、どうも…」と言います。
「やぁこんにちは、お元気ですか」と言わず、「やぁ」と言いますね。

分詞構文も、意味が通じるならなるべく短くするという法則が当てはまる場合です。

3時間目　分詞

① When I reached the station, I saw the train coming.

② When I reached the station, I saw the train coming.

　　　　　　　　一致しているので
　　　　　　　前のIをカット

③ When I reached the station, I saw the train coming.

④ When I reached the station, I saw the train coming.
　　　　　Reaching (ing形の方がリズムがいいので)

（私が駅に着いたとき、私は電車がやって来るのを見た）

上の英文で、分詞構文の部分は「時」を表現しています。
分詞構文は、「理由」「条件」「譲歩」なども表します。

① 理由
Since the man is old, he can't swim.
　　　　一致

Being old, the man can't swim.
(その人は、年をとっているので泳げない)
② 譲歩
Though I admit what you say, I can't agree with you.
　　　　　一致

Admitting what you say, I can't agree with you.
(あなたの言うことを認めるにしても、私はあなたに同意できない)
③ 条件
If you turn right, you will find the old church.
　　　一致

Turning right, you will find the old church.
(もし右に曲がると、古い教会が見えます)

3時間目　分詞

7　分詞構文をもとに戻すと？

今度は逆に、分詞構文の文からもとの接続詞を含む文に戻す方法を考えてみましょう。
この練習をすると、裏の方から分詞構文を理解することができます。
わざと、p.51の例文をもとに戻してみましょう。

---

①Reaching the station, I saw the train coming.
　　↓
②I reached the station, I saw the train coming.

コンマの後の主節の　　sawが過去なので
主語と同じはず　　　　こちらも過去のはず

③When I reached the station, I saw the train coming.

前後の意味から
Whenを考え出す

8　分詞構文の完了形

分詞構文の完了形は、主節の動詞の時制より一つ前の時制を表します。
主節の動詞の時制が現在時制なら、分詞構文の完了形は過去時制を示します。
主節の動詞の時制が過去時制なら、分詞構文の完了形は過去完了時制を示します。
p.31の動名詞の完了とまったく同じルールですので、このページを参照・復習して下さい。(必ず参照してネ)
※分詞構文の完了形も、やはり現在完了とは無関係です。

① After he had finished reading the newspaper, he began to eat supper.

② After he had finished reading the newspaper, he began to eat supper.
　　　　　　　　　　　　　　　一致

③ After he had finished reading the newspaper, he began to eat supper.
　　上は過去完了時制
　　下は過去時制
　　時制のズレがある

④ Having finished reading the newspaper, he began to eat supper.
　　　　↓
　　完了形の
　　　分詞構文

（新聞を読み終わったあと、彼は夕食を食べ始めた）

分詞構文の完了形は、**having ＋ 過去分詞**です。
動名詞の完了形と同じですね。
不定詞の完了形は、**to ＋ have ＋ 過去分詞**でしたね。

9 分詞構文の慣用表現

分詞構文にも慣用表現があり、英検2級にもよく出ます。

① **generally speaking**「一般的に言えば」
※general「一般的な」

② **frankly speaking**「率直に言えば」
= to be frank with you
Frankly speaking, his sister is not so beautiful.
（率直に言って、彼の妹はそれほど美人ではない）

③ **strictly speaking**「厳密に言うと」
※strict「厳密な」「厳しい」

④ **roughly speaking**「おおざっぱに言えば」
※rough「ラフな」「粗い」
　日本でも「ラフな服装」などと言いますね。

⑤ **judging from ～**「～から判断すると」
※judge「審判」「判断」
Judging from the look of the sky, we will have snow soon.
（空模様から判断すると、もうすぐ雪になるでしょう）

⑥ **considering** 〜「〜を考慮すると」
　※consider「考慮する」「深く考える」
　Considering his age, we can't blame the boy.
　（年齢を考慮すると、その少年を非難できません。）

⑦ **taking 〜 into consideration**「〜を考慮すると」＝⑥

⑧ **talking of 〜**「〜といえば」
　＝ **as for** 〜 ＝ **as to** 〜 ＝ **when it comes to** 〜
　Talking of Tom, where did he go yesterday?
　（トムと言えば、昨日どこへ行ったんだろう）

⑨ **weather permitting**「天気が許せば ➡ 天気がよければ」
　Weather permitting, we will play baseball.
　（天気がよければ野球をしよう）

⑩ **seeing that 〜**　「〜を考えると ➡ 〜なので」
　Seeing that Mary didn't know about it, Jack didn't tell her.
　（メアリーがそれを知らないところを見ると、ジャックは彼女にそれを告げなかったようだ）

上の慣用表現は何度も音読し、二、三度紙に書いて完全に覚えて下さい。例文のあるものは例文ごと覚えて下さい。

英語学習では音読が大切！
声を出して学習して下さい。

🍀🍀🍀🍀🍀 分詞構文の例外 🍀🍀🍀🍀🍀

《分詞構文の例外》

(1) 否定
　Since I didn't know what to do, I kept silent.

　Not knowing what to do, I kept silent.
　　not (否定詞) を文頭に。

(2) 完了形かつ否定
　この完了形も現在完了と直接の関係はありません。
　p.10 と p.31 を必ず参照して下さい。

　Since I have never been to China, I have no friends there.

　Never having been to China, I have no friends there.
　　　　　　↓　　　　　　　　　　　　↓
　　　　　完了形　　　　　　　　　現在時制

　*〈主節が現在時制なので、この完了形は
　この従節の時制が過去時制であることを
　示す。現在時制より一つ前の時制だから〉*

練習問題

❖ (　) に適語を入れよ ❖

① (　) (s　), dogs bite.
（一般的には、犬というものは噛むものです）

② I couldn't make myself (h　), for the room was too big.
（私は聞いてもらうことが出来なかった。というのは部屋が広すぎた）

③ I had my hair (　).
（私は散髪をしてもらった）

④ (　) from the look of the sky, it may rain soon.
（空模様から判断すると、すぐに雨かも）

⑤ This is the novel (　) by him.
（これは彼によって書かれた本だ）

⑥ I heard him (　) a song.
（私は彼が歌を歌っているのを聞いた）

⑦ I heard my name (　).
（私は、自分の名前が呼ばれるのを聞いた）

⑧ He has a camera (　) in China.
（彼は中国製のカメラを持っている）

3時間目　分詞

❖ヒント❖

①

② for は付加的理由を表す接続詞。

③ have + 目的語 + 過去分詞のパターン。
  p.14参照

④ 分詞構文の慣用表現。

⑤ 彼によって書かれた、と受け身になっている。

⑥ 彼が歌っている、と能動になっている。

⑦ 名前が呼ばれる、と受け身になっている。

⑧ 中国で作られた、と受け身になっている。

❖解答❖

Generally speaking

heard

cut

Judging

written

singing

called

made

練習問題

♣ (　) に適語を入れよ♣

① I could not make myself (　　) in English in America last year.
（私は昨年アメリカで、英語で自分を理解させられなかった）

② He kept (　　) for her.
（私は彼女を待ち続けた）

③ A man (　　) Brown came to see you.
（ブラウンという名前の人があなたに会いに来た）

④ He used to go (　　) when he was young.
（若いとき彼はよくスキーに行った）

⑤ Frankly (　　), I don't want to go.
（率直に言うと、私は行きたくない）

⑥ I saw a boy (　　) tennis in the park.
（私は公園で、テニスをしている少年を見た）

⑦ This is a letter (　　) by my friend.
（これは友人によって書かれた手紙だ）

3時間目　分詞

✤ヒント✤
①make oneself understoodで覚えること。　understood

②keep ～ing 「～し続ける」　waiting

③named「名付けられた」受動なので過去分詞。　named

④go ～ing　→　go shoppingなど。　skiing

⑤分詞構文慣用表現　speaking

⑥テニスをするは能動 → 現在分詞。　playing

⑦書かれたは受動 → 過去分詞。　written

練習問題

✤ 次の文を分詞構文に書き改めよ ✤

① As I had nothing to do, I sat down in the room.
（何もすることがなかったので、私は部屋に座っていた）

② If you turn to the right, you will find the hotel.
（右に曲がるとホテルがあります）

③ When he had finished the work, he went to the restaurant.
（仕事を終えると彼はレストランへ行った）

④ As the weather was fine, we played soccer in the park.
（天気がよかったので、私たちは公園でサッカーをした）

⑤ Though I admit what you say, I still think you are wrong.
（あなたの言うことを認めるにしても、私はやはりあなたが悪いと思う）

⑥ When I opened the gate, I found the dog.
（門を開けると犬がいた）

3時間目 分詞

✤ヒント✤

① 単純な分詞構文。時を示す。

② 条件を示す。

③ 完了形分詞構文であることに注意。

④ 独立分詞構文であることに注意。

⑤ 譲歩を示す

⑥ 時を示す

✤解答✤

① **Having** nothing to do, I sat down in the room.
② **Turning** to the right, you will find the hotel.
③ **Having finished** the work, he went to the restaurant.
④ The weather **being** fine, we played soccer in the park.
⑤ **Admitting** what you say, I still think you are wrong.
⑥ **Opening** the gate, I found the dog.

ステップアップ

🍀🍀🍀🍀🍀 動詞句 🍀🍀🍀🍀🍀

英検直前に即戦力として学習するべきものに、動詞句＝動詞があります。完全に記憶して下さい

- **look up to** = respect（尊敬する）
- **look down on** = despise（軽蔑する）
- **look after** = take care of（世話をする）
- **look into** = investigate（調べる）
- **look on A as B** = think of A as B（AをBとみなす）
- **regard A as B** = consider A as B（AをBとみなす）
- **take to** = like（〜を好きになる）
- **take after** = resemble（〜に似ている）
- **take off** = remove（〜を脱ぐ、〜をとる）
- **take place** = break out = come about = come to pass = happen = occur = chance（起こる、生じる）
- **go on** = continue（続く）
- **go through** = experience（経験する）
- **turn out** = prove（〜だと判明する）
- **turn down** = reject = refuse = decline（断る）
- **turn up** = show up = appear（現れる）
- **arrive at [in]** = get to = reach（着く）
- **call for** = require（必要とする）
- **call off** = cancel（取り消す）
- **call on [at]** = visit（訪れる）
- **call up** = ring up = telephone（電話する）
- **come across** = meet with = come upon = run across = encounter（出くわす）
- **account for** = explain（説明する）
- **bring about** = cause（引き起こす）
- **bring up** = raise = rear（育てる）
- **do away with** = abolish（廃止する）
- **carry on** = continue（続ける）　　　　　　[p.156へ続く]

4時間目

仮定法

1　仮定法とは？——仮定法病にかからないためには

仮定法は、事実に反する仮定を表現します。
事実に反する、という点が重要です。
事実はリッチではないのに「もしお金持ちなら…」と仮定したり、事実は若くもないのに「もしもっと若ければモテるのになぁ」と仮定したりするパターンです。
ですから、たとえ「もし…」で始まっても**事実に反さないなら仮定法は使いません。**
「もし明日晴れたらピクニックに行くのに」というような場合は、仮定法はつかいません。なぜなら明日晴れる可能性もあるわけですから。

仮定法は、一見難しそうな印象を持つ文法項目です。
仮定法を学ぶと、「ifで始まる文はすべて仮定法」と思い込む人がいます。これが**仮定法病**です。

仮定法には、四つの種類があります。
仮定法過去・仮定法過去完了・仮定法未来・仮定法現在の四つです。
このうち、仮定法過去と仮定法過去完了が重要です。

2 仮定法過去の基本パターン

一番大切なパターンです。
仮定法過去は、現在の事実に反する仮定を表現するパターンです。
名前が過去なのは、過去形を使うからです。
話の内容はあくまでも現在の話です。
名前と形が(過去)、話の内容は(現在)です。
基本パターンから説明しましょう。

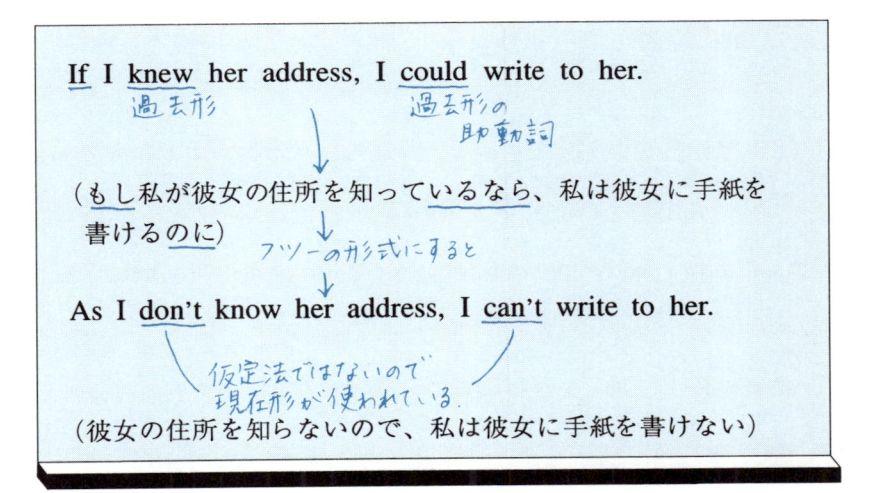

If I knew her address, I could write to her.
　　　過去形　　　　　　　過去形の
　　　　　　　　　　　　　助動詞

（もし私が彼女の住所を知っているなら、私は彼女に手紙を書けるのに）

フツーの形式にすると

As I don't know her address, I can't write to her.
　　仮定法ではないので
　　現在形が使われている。

（彼女の住所を知らないので、私は彼女に手紙を書けない）

それでは、パターンを図式化しましょう。

If + S′ + 過去形のV′, S + { would / could / might } + V

（もしS′がV′なら、SはVなのに）　　shouldは使わない。

3　仮定法過去完了の基本パターン

仮定法過去完了は、過去の事実に反する仮定を表現します。
名前が仮定法過去完了なのは、形が過去完了形だからです。
話の内容はあくまでも過去の話です。
名前と形が<u>過去完了</u>、話の内容は<u>過去</u>なのです。
わざと、前ページの黒板の英文を仮定法過去完了にずらしてみましょう。

↳参照し、比べて下さい。

If I <u>had known</u> her address, I <u>could have written</u> to her.
　　　　過去完了形　　　　　　　　過去形の助動詞 + have
　　　　　　　↓　　　　　　　　　　　　＋ 過去分詞
（もし私が彼女の住所を知っていたなら、私は彼女に手紙を書
けただろうに）
　　　↓　フツーの形式に書き換えると

As I <u>didn't</u> know her address, I <u>couldn't</u> write to her.
　　　　　仮定法ではないので
　　　フツーの過去形になっている（意味内容が過去の話なので
　　　　　　　　　　　　　　　　　過去形なのはアタリマエ）
（彼女の住所を知らなかったので、私は彼女に手紙を書けなか
った）

それでは、パターンを図式化しましょう。

If + S′ + had + 過去分詞, S + { **would** / **could** / **might** } **+ have + 過去分詞**

→ shouldは使わない。

（もしS′がV′だったなら、SはVだったのに）

4 仮定法未来

仮定法未来は、未来についての仮定を表現します。
「万が一～」と訳すことが多いと言えます。
基本パターンを黒板で確認しましょう。

If the sun { were to / should } rise in the west, I { will / would } not change my mind.

　　　　　　　↓　　　　　　　　　　　　　　　　↓
　　　were to か should　　　　　　　現在形 or 過去形の助動詞

（もし万が一太陽が西から昇ったとしても、私は決心をかえない）

それでは図式化しましょう。

If + S′ + { should / were to } + V′, S + 助動詞 + V.

（もし万が一 S′ が V′ しても、S は V する）

5　仮定法現在

仮定法現在は、独特のパターンです。
どうしてこれを仮定法と呼ぶのか、不思議なくらいです。
こういうパターンだと、覚えて下さい。
ハッキリしたパターンなので、先にパターンを説明してしまいます。
その下に例文を掲げましょう。

❶パターン
　　S ＋ (suggest, demand, propose, request, order) that S' ＋ (should) V'
　　　　　（提案・要求を示す動詞）　　　　　　　　　　　↓
　　　　　　　　　　　　　　　　　　　　　　　　　　なくても可

❷パターン
　　It is (natural, strange, necessary, pity) that S' ＋ (should) V'
　　　　　（提案・要求を示す動詞）　　　　　　　　　　　↓
　　　　　　　　　　　　　　　　　　　　　　　　　　なくても可

❶パターンの例文
　　I suggest that you (should go abroad. / go abroad.)
　　（私はあなたが海外に行くことを提案します）

❷パターンの例文
　　It is natural that he (should be disappointed. / is disappointed.)
　　（彼ががっかりするのは当然です）

4時間目　仮定法

6　四つのパターンをまとめましょう

名前	形と意味内容の関係
仮定法過去	形が過去なので名前は過去だが、意味内容は現在
仮定法過去完了	形が過去完了なので名前は完了だが、意味内容は過去
仮定法現在	p.70以下のワンパターン
仮定法未来	p.69のワンパターン　意味内容は未来

7　様々な慣用表現

仮定法過去と仮定法過去完了には、様々な慣用表現があります。
仮定法過去と仮定法過去完了は双子の兄弟なので、時制をずらせば同じパターンです。慣用表現についても、この兄弟をスライドさせて説明します。そうすると非常によく理解できるはずです。

⟨⟨⟨ "もし〜がなかったら" パターン ⟩⟩⟩

慣用表現のトップは、「もし〜がなかったら」パターンです。
実はあるのに「もし〜がなかったら」と仮定するわけです。
兄貴分の仮定法過去から説明します。

⟨⟨ 仮定法過去の「もし〜がなかったら」パターン ⟩⟩

$$\left.\begin{array}{l}\text{If it were not for}\\ \text{But for}\\ \text{Without}\end{array}\right\} \sim,\ S + \left\{\begin{array}{l}\text{would}\cdots\\ \text{could}\cdots\\ \text{might}\cdots\end{array}\right.$$

（もし〜がなかったら、SはV…だろう）

If it were not for your help, I **could** not succeed.
（もしあなたの援助がなければ、私は成功できません）

それでは、弟分の仮定法過去完了の上のパターンを説明します。
わざと上の黒板をそのままスライドさせます。
つまり、時制を一つ過去の方にスライドさせるわけです。

4時間目　仮定法

> 《《 仮定法過去完了の「もし～がなかったら」パターン 》》
> If it had not been for ～, S + { would / could / might } + have + 過去分詞…
> But for ～
> Without ～
>
> このパターンは、if it had not been for で、前ページは If it were not for です。
>
> （もし～がなかったら、SはV…だっただろう）
>
> **If it had not been for** your help, I **could not have succeeded**.
> （もしあなたの援助がなかったとすれば、私は成功できなかっただろう）

〈〈〈 "～ならなぁ" パターン 〉〉〉

二番バッターは「～ならなぁ」パターンです。
別名、I wish パターンです。
「もし～ならなぁ」と願望を表現するわけです。
現実は、～ではないわけです。そこが悲しいところですね。
「もしリッチならなぁ」と願望を表現するわけですが、現実にはビンボウなのです。

> 《《 仮定法過去の「もし～ならなぁ」パターン 》》
> I wish S´ + 過去形のV ～
>
> （もし～ならなぁ）

> I wish I had more money.
> 　　　過去形がくる.
>
> （もっとお金があればなぁ）

それでは、弟分の仮定法過去完了の上のパターンを説明します。
わざと上の黒板をそのままスライドさせます。
つまり、時制を一つ過去の方にスライドさせるわけです。

> 《《 仮定法過去完了の「もし～だったらなぁ」パターン 》》
> I wish S´ ＋ 過去完了形のV ～
>
> （もし～だったらなぁ）
>
> I wish I had had more money then.
> 　　　　　過去完了形
>
> （あの時もっとお金があったらなぁ）

次は「まるで～であるかのようだ」パターンです。

《《《 "まるで〜であるかのようだ" パターン 》》》

このパターンは、「(実はそうではないのに) まるで〜であるかのようだ」と表現するパターンです。
じつは、教師ではないのに「まるでセンコウみたいだ」と言ったりするわけです。
このパターンは、**別名 'as if パターン'** とも呼ばれます。

《《 仮定法過去の「まるで〜であるかのようだ」パターン 》》
S + V … as if S´ + 過去形のV´ 〜

(S はまるで〜のように V する)

S+V…のところは、仮定法と関係ないと考えてよい。

My sister talks **as if** she **were** a teacher.
　　　　　　　　　　　　　　過去形

(姉はまるで教師のように話す)

それでは、弟分の仮定法過去完了の上のパターンを説明します。
わざと上の黒板をそのままスライドさせます。
つまり、時制を一つ過去の方にスライドさせるわけです。

《《 仮定法過去完了の「まるで〜であったかのようだ」パターン 》》
S + V … as if S′ + 過去完了 〜
(Sはまるで〜だったようにVする)

My sister talks as if she had been a teacher.
　　　　　　　　　　　　　過去完了形

(姉はまるで教師だったかのように話す)

《《《 "もうそろそろ〜すべき時間" パターン 》》》

ラストバッターは「もうそろそろ〜すべき時間」パターンです。

《《 仮定法過去の「もうそろそろ〜すべき時間」パターン 》》
It is { time / high time / about time } , S′ + 過去形のV′〜

(そろそろ〜すべき時間でしょう)
It is time you went to school.
　　　　　　　　過去形

(もう学校に行く時間でしょう)

8 仮定法の倒置

英検に出る仮定法の問題には、倒置されているものがあります。次のルールで理解すればカンタンです。

> 《《仮定法の倒置のルール》》
> ① **had** か **be**動詞のある文に限る
> ② **if** をカットし、**had** か **be**動詞を文頭に持って来る

では実際にやってみましょう。

> ① If it were not for that dictionary, I couldn't study.
>   _Were it not for ———._
>   (もしその辞書がなければ、私は勉強できない)
> ② If it had not been for your advice, I would have failed.
>   _Had it not been for ———._
>   (もしあなたの忠告がなかったとしたら、私は失敗していただろう)

練習問題

♣ （　　）に適語を入れよ♣

① If I (　　) rich, I (　　) buy the camera.
　（もし私がリッチなら、そのカメラを買えるのに）

② If it (　　) (　　) (　　) ⎫
　(　　) for　　　　　　　　　⎬ this book, I couldn't study.
　(W　　)　　　　　　　　　　⎭
　(　　) (　　) (　　) (　　)
　（この本がなければ私は勉強できない）

③ I (　　) (　　) (　　) speak English (　　) (　　)
　(　　) (　　).
　（彼女と同じくらい上手に英語が話せたらなぁ）

④ She (　　) (　　) (t　　) (　　) (　　) a ghost.
　（彼女はまるで幽霊のように見える）

⑤ A man of sense (　　) (　　) (b　　) (　　) (　　).
　（常識のある人ならそのようには振る舞いません）

⑥ If she (　　) (　　) (　　) me advice, I (　　) (　　)
　(　　) (　　) (　　) the entrance examination.
　（もし彼女がアドバイスを与えてくれなかったとしたら、
　　私は入試に成功していなかったでしょう）

4時間目　仮定法

✤ヒント✤

① 仮定法過去

② 4行目は1行目の倒置。
If it were not for,

③ as well as her ではない。
　as well as she (could speak)
　　　　　　　↓
　　　　　　省略されている

④ as if = as though

⑤ If he were a man of sense, he would not behave ～ の文において If he were が省略されていると考える。

⑥ 仮定法過去完了
　entrance examination「入試」
　⎧ succeed in ～「～に成功する」
　⎩ succeed to ～「～を継承する」

✤解答✤

were (or was)
could

were / not
for / But
Without
Were / it
not / for

wish / I
could / as
well / as
she

looks / as
though
she / were

would / not
behave
like / that

had / not
given / could
not / have
succeeded / in

練習問題

♣ (　　) に適語を入れよ ♣

① I wish ⎫
　Oh (　　) ⎬ I were younger.
　Would (　　) ⎪
　(　　) only ⎭
　（もっと若ければなぁ）

② It is ⎧ high (　　) ⎫ you brushed your teeth.
　　　　⎨ (　　) (　　) ⎬
　　　　⎩ (　　) ⎭
　（そろそろ歯を磨く時間だよ）

③ If the sun ⎧ (　　) (　　) ⎫ rise in the west, what (　　) you do?
　　　　　　 ⎩ (　　) ⎭
　（もし万が一太陽が西から昇ったら君はどうする。）

④ I wish (　　) (　　) (　　) her address (　　) (　　) (　　).
　（あの時彼女の住所を知っていたらなぁ）

⑤ She insists on going (　　) by (　　).
　= She insists that she (　　) (　　) (　　) by (　　).
　（彼女は一人で外国へ行くと主張している）

⑥ With a little (　　) (　　), he would (　　) a great scholar.
　（もう少し努力すれば、彼は偉大な学者になれるのに）

4時間目　仮定法

✣ヒント✣

① p.73の I wish　パターン
　I wish の代わりに、三つの書き換えがある
　ことを覚えて下さい。
$$\begin{cases} \text{I wish} = \text{O (h) that} \\ \phantom{\text{I wish}} = \text{Would that} \\ \phantom{\text{I wish}} = \text{If only that} \end{cases}$$

② p.70のパターン
　3パターンあることに注意。

③ 仮定法未来
　p.69参照

④ 仮定法過去完了であることに注意。

⑤ 上段は動名詞（p.28参照）
　　下段は仮定法現在

⑥ If he would made a little effort(s),
　he would ～,と考える。
　Without ～「もし～がなかったら」p.72参照
　With ～「もし～があれば」
　と対照的に考えてもよい。

✣解答✣

that
that
If

time
about / time
time

were / to
should
would

I / had
known
at / that / time

abroad
herself
should / go
abroad
herself

more
effort / be

ステップアップ

仮定法変形

仮定法には次のような変形があります。
いずれも、If 〜 のパターンの変形と考えます。

(1) <u>A man of sense</u> **would** not do such a thing.
　　（常識のある人ならそんなことはしない）
　= <u>If he were a man of sense,</u> he **would** 〜.
　　　　　　↓
　　　一般の人を指す

(2) What **would** you do <u>in my place</u>?
　　（君が私の立場ならどうする）
　= What **would** you do <u>if you were in my place</u>?

(3) <u>To hear him speak English,</u> you **would** take him for an American.
　　（もしあなたが彼が英語を話すのを聞いたなら、あなたは彼を
　　アメリカ人だと取り違えるだろう）
　= <u>If you heard him speak English,</u> you **would** take him for an American.

※ take ＼
　　　　 ）A for B 　「AをBと取り間違える」
　mistake ／

5時間目

比較

1　資格試験の宝庫

比較は、英検などの資格試験の宝庫です。
慣用表現が多く出題されやすいのです。
なるべく能率的に覚えることが大切ですね。
比較は、次の原則で覚えます。

> ① 比較のルールで覚える
> 比較のルールというのは、<u>AとBなどをXについて比較する</u>というルールです。
> ジャックとトムを身長について比較するわけです。
> この<u>A・B・X</u>を常に明確にすることが大切です。
>
> ② 慣用表現として記憶する
> 比較の中には、慣用表現として記憶するしかないものもあります。
> その場合もできるだけ<u>A・B・Xを意識したり、もとの単語の意味から類推する</u>ことが大事です。（丸暗記を避ける）

2　比較のルールを明確にしよう

それでは、まず比較のルールにしたがって説明しましょう。
次ページのイラストを見て下さい。

5時間目　比較

Tom is as tall as Jack.

(トムはジャックと同じくらいの背の高さです)

3　いつも同じとは限りません

AとBが常に同じとは限りません。
Aの方が背が高かったり、Bの方が年上だったりするわけですね。

Baba is twice as tall as Keiko.
A　　　　　　X　　　B

(馬場は恵子の二倍の背の高さです)

前ページの黒板の倍数表現をまとめておきます。

- half … 半分、二分の一
- twice … 二倍（二度、二回という意味もある）
- three times … 三倍（三度、三回という意味もある）
- four times … 四倍（四度、四回という意味もある）

また、not が入る場合も同じ考え方です。

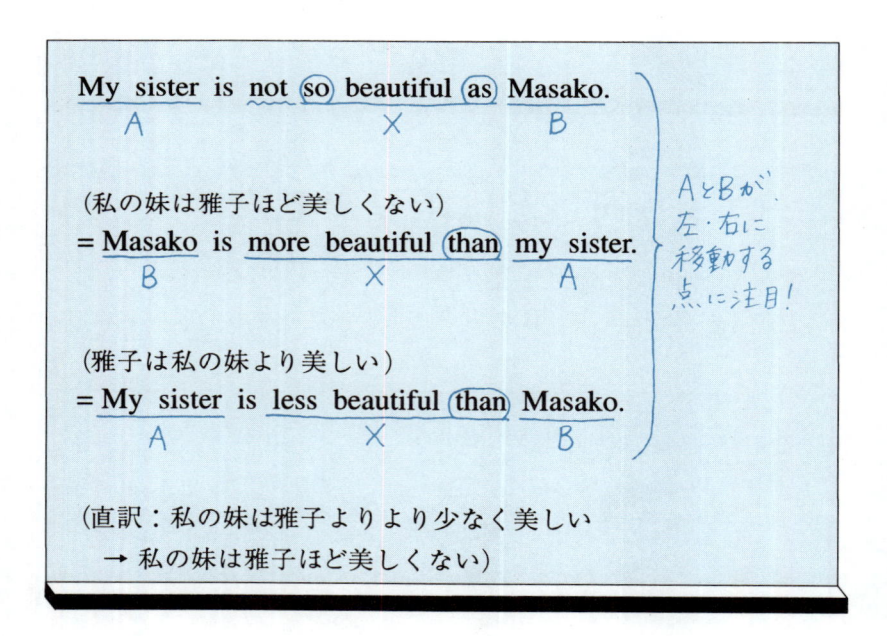

```
My sister is not (so) beautiful (as) Masako.
   A           X               B

（私の妹は雅子ほど美しくない）
= Masako is more beautiful (than) my sister.
    B          X                   A

（雅子は私の妹より美しい）
= My sister is less beautiful (than) Masako.
   A            X                     B

（直訳：私の妹は雅子よりより少なく美しい
  → 私の妹は雅子ほど美しくない）
```

（AとBが左・右に移動する点に注目！）

上の黒板の最後の文で、less が出て来ました。
less ⇔ **more** の関係ですね。

5時間目　比較

4　比較級

A・B・Xのルールは同じです。
下の黒板のイラストを見て下さい。

> Tokyo is bigger (than) Osaka.
> 　A　　　　　　　　B
>
> （東京は大阪より大きい）

ナガーイ形容詞の場合は、**more** を使いますね。

> This book is more interesting (than) that book.
> 　A　　　　　　　　　　　　　　　　　B
>
> = That book is less interesting (than) this book.
> 　　B　　　　　　　　　　　　　　　　A
>
> （この本はあの本よりおもしろい）

X is more A than B というパターンがあります。
慣用表現の一つですが、このパターンの A, B, X と前ページの A, B, X を比べると、A, B, X の関係がはっきり理解できます。

> This book is more instructive than interesting.
>   A   X   B
>
> (この本は、興味深いというよりためになる)

5　ラテン系比較級

ラテン系比較級は、'～ or … to' の形をとります。
フツウの比較級は、'～ er … than' の形をとります。

> ① **prefer A to B**「BよりAを好む」
> I **prefer** beer **to** wine.
> 　(私はワインよりビールの方が好きです)
>
> ② **A senior to B**「AはBより年上である」
> Kazuko is **senior to** Jill.
> 　(和子はジルより年上です)
>
> ③ **A junior to B**「AはBより年下である」
> Jill is **junior to** Kazuko.
> 　(ジルは和子より年下です)
> ＝ Jill is younger than Kazuko.

5時間目　比較

④ **A superior to B**「AはBより優れている」
He is **superior to** me in English.
（彼は私より英語では優れている）

⑤ **A inferior to B**「AはBより劣っている」
He is **inferior to** me in English.
（彼は私より英語では劣っている）

6　the 形容詞er of the two

このパターンは、比較級と最上級の中間のようなものです。
「二人のうち、より～の方」というパターンです。
例文で説明しましょう。

He is the taller of the two.
A　　　　　　B1 B2 B3 ……

（彼は二人のうちで、より背の高いほうです）

7　最上級

最上級は「イチバーン〜」というパターンですね。
基本形の復習からしましょう。

New York is the largest city in the world.
　　A　　　　　　　　　　　　(B1)(B2)……

（ニューヨークは、世界で最も大きな都市です）

8　最上級の書き換え

最上級は書き換え問題によく出されます。

〈最上級で〉
①Tom is the tallest boy in his school.
　　A　　　　×　　　　(B1 B2 B3 …)

〈比較級で〉
② <u>Tom</u> is <u>taller</u> than <u>any other boy</u> in his school.
　　A　　　　X　　　　　(B₁, B₂…)

③ No other <u>boy in his school</u> is <u>taller</u> than <u>Tom</u>.
　　　　　(B₁, B₂…)　　　　　　X　　A

〈原級で〉
④ No other <u>boy in his school</u> is <u>as tall as</u> <u>Tom</u>.
　　　　　(B₁, B₂…)　　　　　　X　　A

⑤ <u>Tom</u> is <u>as tall as</u> <u>any boy in his school</u>.
　　A　　　X　　　　　(B₁, B₂…)

①～⑤の実質的な訳は「トムは彼の学校の中でいちばん背が高い」ですが、②～⑤の堅い不自然な訳を下に書きます。

② トムは学校のどの少年よりも背が高い。
③ トムの学校のどの少年も、彼より背が高くない。
④ トムの学校のどの少年も、彼と同じ位の背の高さではない。
⑤ トムは学校のどの少年とも同じくらい（負けない）の背だ。

9　最上級の応用

最上級の応用として次のようなものがあります。
関係代名詞や現在完了を組み込む形です。

> I have never seen such a beautiful lady as she.
> 現在完了の経験　　　　　　　Such A as B
> 「私は今まで見たことがない」　「BのようなそんなA」
> 　　　　　　　　　　　　　　　　↓
> 　　　　　　　　　　「彼女のようなそんな美しい女性」
>
> She is the most beautiful lady that I have ever seen.
> 「彼女が最も美人」　　　　　　　「私が今まで見た中で」
> （彼女は私が今までに出会った最も美しい女性です）

上の黒板と同じような最上級の応用に、次のようなものがあります。
書き換えとともに覚えて下さい。
　Nothing is more precious than time.
＝Time is the most precious of all.　（時間が一番大切だ）

10　比較の慣用表現

それでは最後に慣用表現を紹介しましょう。
よく出ますので、必ず全部マスターして下さい。
大変ですが、例文もぜひ覚えて下さい。
ここでサボッたらだめですよ！
例文を何度も音読して下さい。

① as ～ as { S' can / possible } 「できるだけ～する」
　You should come **as quickly as you can**.
　(あなたはできるだけ早く来るべきです)
　※possible「可能な」

② the 比較級 A ～, the 比較級 B ～
　「AすればするほどB、よりいっそうBになる」
　The older we grow, **the wiser** we become.
　(私たちは歳をとればとるほど賢くなる)

③ would rather A than B
　「BするよりむしろAしたい」
　I **would rather** meet you today **than** tomorrow.
　(明日よりむしろ今日会いたい)

④ **no more than ～** 「たった～」= only
　I slept **no more than** three hours.
　(私はたった三時間しか眠っていない)

⑤ **not more than ～** 「せいぜい～」= at most = at best
　I was **not more than** five minutes late for the meeting.
　(私はその会議にせいぜい5分しか遅刻しなかった)

⑥ **no less than ～** 「～も」= as many [much] as
　My father gave me **no less than** ten thousand yen.
　(父は私に一万円もくれた)

⑦ **not less than 〜「少なくとも〜」= at least**
I would like to be with you **not less than** one hour a day.
（私は少なくとも一日一時間はあなたと一緒にいたいものだ）

⑧ **not so much A as B「AというよりむしろB」**
He is **not so much** an actor **as** a comedian.
（彼は俳優というよりむしろコメディアンだ）
「AというよりむしろB」→「AはBほどではない」
　→ A＜B → Aの負けBの勝ち

⑨ **not so much as 〜「〜さえしない」**
She does **not so much as** write a letter.
（彼女は手紙を書くことさえしない）

⑩ **more A than B「BというよりむしろA」**
She is **more** cute **than** beautiful.
（彼女は美人というよりむしろかわいい）

⑪ **prefer A to B「BよりAが好き」**
= **like A better than B**
I **prefer** living in the country **to** living in the city.
（私は都会に住むより田舎に住む方が好きです）

⑫ **比較級 and 比較級「ますます〜になる」**
She has become **prettier and prettier**.
（彼女はますますかわいくなった）

5時間目　比較

⑬ much ｝ more 〜　「まして〜ある」
    still

He can play soccer, {much / still} more baseball.
（彼はサッカーができる、ましてや野球もできる）

⑭ much ｝ less 〜　「まして〜ない」
    still

⑮ may ｝ as well A as B
    might

「BするくらいならAした方が{よい / ましだ}」

You {may / might} as well throw your money away as lend it to such a fellow.
（あんな奴にお金を貸すぐらいなら捨てた方が{よい / ましだ}）

⑯ A is no more B than C is B
「AがBでないのは、CがBでないのと同様である」
A whale is **no more** a fish **than** a horse is (a fish).
（鯨が魚でないのは、馬が魚でないのと同様である）

⑰ A is no less B than C is B　（⑯の逆パターン）
「AがBであるのは、CがBであるのと同様である」
A whale is **no less** a mammal **than** a horse is (a mammal).
（鯨は馬と同様、哺乳動物である）

⑱ **(all) the** 比較級 … + $\begin{cases} \text{because } S' + V' \sim. \\ \text{for} \sim. \end{cases}$

「～なのでいっそう…」
I like him **all the better because** he has faults.
I like him **all the better for** his faults.
（私は、彼には欠点があるのでなおさら好きである）

⑲ **none the** 比較級 … + $\begin{cases} \text{because } S' + V' \sim. \\ \text{for} \sim. \end{cases}$

「～だからといって、それだけ…というわけではない」
Man is **none the happier because** he is wealthy.
Man is **none the happier for** his wealth.
（人は裕福だからといって幸せというわけではない）

※⑱⑲共通で、because の後には(S´+V´)が、for の後ろには名詞類がくる

⑳ **no better than** ～ 「～同然である」
　～より better than ではない（no）という意味。
He is **no better than** a politician.
（彼は政治屋同然である）

5時間目　比較

練習問題

❖ (　　) に適語を入れよ ❖

① A whale is (　　) (　　) a fish (　　) a horse is.
（馬が魚でないように、鯨も魚ではない）※馬も鯨も哺乳類

② He spent (　　) (　　) (　　) 10,000 yen drinking last night.
（彼は昨晩1万円も飲むことに費やした）

③ (　　) (　　) I read the book, (　　) (　　) interesting I found it.
（その本を読めば読むほど、私はいっそう興味深く思った）

④ She is as (　　) (　　) poetess (　　) (　　) lived.
（彼女は古今無双の女流詩人だ）

⑤ His bag is (　　) (　　) large (　　) (　　).
（彼のカバンは、私のカバンの半分くらいの大きさだ）

⑥ It is (　　) (　　) children (　　) prefer (　　) (　　) studying.
（子供が、勉強することより遊ぶことを好むのは当然です）

⑦ She is (　　) to (　　) (　　) three years.
= I am three years (　　) than (　　).
（彼女は私より三つ年上だ）

⑧ She is the most beautiful girl (　　) I (　　) (　　) seen.
（彼女は、私が今まで会った中でいちばん美しい少女だ）

5時間目　比較

❖ヒント❖

① A is no more X than B is
   B が X でないように、A も X ではない。
   A も B も X ではない。

② no more than 「たった」 = only
   not more than 「せいぜい」 = at (the) most
   no less than 「〜も」 = as {much / many} as
   no less than 「少なくとも」 = at least

③ p.93参照

④ ┌ poet「詩人」
   │ poetess「女流詩人」※軽蔑的に使われることもある
   │ poem「詩」
   └ poetry「詩」（集合的）

⑤ half「半分」

⑥ 仮定法現在（p.70）にもなっている

⑦ = She is three years senior to me.

⑧ that 以下は関係代名詞節になっていて、先行詞の girl にかかっている。

❖解答❖

① no / more
   than

② no / less
   than

③ The / more
   the / more

④ great / a
   as / ever

⑤ half / as
   as / mine

⑥ natural / that
   should
   playing / to

⑦ senior / me
   by / younger
   she

⑧ that
   have / ever

99

練習問題

❖ (　) に適語を入れよ ❖

① He is not (　) much a writer (　) a scholar.
  = He is a scholar (r　) (　) a writer.
  （彼は作家と言うよりむしろ学者だ）

② Please call (　) him (　) (e　) (　) {you can.
  (　).
  （できるだけ早く彼を訪問して下さい）

③ Time is the most precious (　) all.
  = (　) is so precious (　) (　).
  （時間が一番大切）

④ Ann is (　) (　) beautiful as Jane.
  = Ann is (　) beautiful (　) Jane.
  （アンはジェーンほど美人ではない）

⑤ I like Tom all (　) (　) (　) his faults.
  （私は、トムには欠点があるからこそなおさら好きだ）

⑥ He knows (　) than to fight.
  = He is wise (e　) (　) (　) fight.
  = He is (　) so (f　) (　) (　) fight.
  （彼はケンカするほど愚かではない）

⑦ No (　) boy in his class is (　) (　) as Jack.
  （クラスのどの少年もジャックほど背が高くない）

5時間目　比較

✤ヒント✤
① p.94参照
　学者の要素 ＞ 作家の要素 の関係

② p.93参照

③ p.92参照

④ less ⇔ more の関係

⑤ ⎧ all the better for 名詞句 A
　 ⎩ all the better because of A
　　　「A だからこそなおさら〜」
　 ⎧ none the less for 名詞句 A
　 ⎩ none the less because of A
　　　「A だけどやはり〜」
⑥ 2行目，3行目の not の使い方に注意

⑦ p.91参照（最上級表現）

✤解答✤
so / as
rather / than

on / as
early / as
possible

of / Nothing
as / time

not / so(or as)
less / than

the / better
for

better
enough
not / to
not / foolish
as / to
other
so (as) / tall

ステップアップ

♣♣♣♣♣ 特殊な比較変化 ♣♣♣♣♣

① good　よい 　 well　よく	better	best
② bad　悪い 　 ill　悪い、悪く 　 badly　悪く、ひどく	worse	worst
③ many　数が多い 　 much　量が多い	more	most
④ little　少ない	less	least
⑤ far　遠い、遠く（距離） 　　　 いっそう	farther further	farthest furthest
⑥ late　時間が遅い 　　　 順序が後の	later latter	latest last

6時間目

必勝!!
練習問題

ここから必勝練習問題になります。今までの説明をふまえて、練習問題で応用力をつけて下さい。ヒント欄に出てくる解説も理解し、記憶して下さい。

名詞・代名詞・形容詞・冠詞・副詞・比較

❖ (　) にあてはまる語句を (1)〜(4) から選べ❖

① "I'm sorry." " That's all (　　)."
　(1) bad　(2) right　(3) good　(4) nice

② What's the weather (　　) today?
　(1) like　(2) here　(3) there　(4) on

③ She is as happy as (　　) be.
　(1) will　(2) can　(3) may　(4) must

④ Science and literature seem to have (　　) to do with each other.
　(1) never　(2) nothing　(3) without　(4) rare

⑤ I know (　　) than to believe such a rumor.
　(1) good　(2) better　(3) further　(4) more

⑥ Please help yourself (　　) this cake.
　(1) for　(2) on　(3) to　(4) at

⑦ You didn't reach the passing mark; that is to (　　), you failed.
　(1) mean　(2) tell　(3) speak　(4) say

⑧ (　　) you and me, I am in love with her.
　(1) Both　(2) Only　(3) Between　(4) Secretly

⑨ Saigyo lived in that humble cottage all (　　) himself.
　(1) to　(2) for　(3) by　(4) of

✣ヒント✣

① Think nothing of it. などと共に決まり文句。

② How is the weather today? と同じ。

③ as ～ as anything という形もある。
「この上なく～」という意味。

④ have nothing to do with ～
「～と関係がない」

⑤ know better than to do
= be not so foolish as to do

⑥ help oneself to ～
「～を自分でとって飲食する」

⑦ that is to say = in other words

⑧ between you and me
= between { ourselves / us }　「内緒の話だが」

⑨ (all) by oneself = alone

✣解答✣

(2) right

(1) like

(2) can

(2) nothing

(2) better

(3) to

(4) say

(3) Between

(3) by

❖ ( ) の中に適語を入れよ ❖

① We have two dogs; one is white, and the (   ) is black.

② Health is above wealth, for this cannot give so much happiness as (   ).

③ To know is one thing, to practice is (   ).

④ The tail of a fox is longer than (   ) of a hare.

⑤ He is not so much a scholar (   ) a writer.

⑥ What takes you only three hours takes me as (   ) days.

⑦ They worked hard like (   ) many ants.

⑧ He can no more swim (   ) I can fly.

✤ヒント✤

① 二つあるものの片方は one、残りは the other。三つ以上ある場合は one, another ‥‥となる。

② this は先行する二つのもののうち近いもの、すなわち「後者」。that は遠いもの、すなわち「前者」となる。the former 〜 the latter …「前者 〜 後者 …」とは逆になる。

③ A is one thing, (and) B is another.「AとBとは全く別のこと」

④ the tail の代名詞だが、of 〜 の修飾がつくときは it ではなく that。

⑤ not so much A as B
= B rather than A
「AというよりはむしろB」

⑥ as many「同数の」
この場合 three を意味する。

⑦ like so many「さながら」
like のあとでは as many とはならない。

⑧ A is no more B than C is B
「AがBでないのはCがBでないのと同じ」の応用。

✤解答✤

other

that

another

that

as

many

so

than

♣ ( ) の中に適語を入れよ ♣

① He is as brave a man as ( ) lived.

② This book is instructive as well ( ) interesting.

③ I love you more than he ( ).

④ He is happiness ( ).

⑤ He makes mistakes, and ( ) very often.

⑥ "I am hungry." "( ) am I."

⑦ The higher we climbed, ( ) colder it became.

⑧ I like him all the better ( ) his shyness.

⑨ I cannot afford to buy daily necessities, much ( ) luxuries.

❖ヒント❖

① as ～ as ever は最上級の意味を表す。

② A as well as B「B と同様に A」

③ he does = he loves you

④ happiness itself = all happiness
　　= very happy

⑤ that = he makes mistakes
　「しかも」

⑥ So am I. = I am hungry, too.
　反対は Neither（または Nor）am I.

⑦ The + 比較級 ～, the + 比較級 …
　「～すればするほどますます…する」

⑧ 「～すればするほど」の部分が、理由を表す for や because による句と節に変わることがある。「それだけますます」の部分は all the better. この the は冠詞ではなく「その分だけ ～」の意味の副詞。

⑨ 「まして～でない」は much less, still less, let alone など。

❖解答❖

ever

as

does

itself

that

So

the

for

less

✣誤りのある部分を、正しい語になおせ✣

① He gave me a lot of advices.

② The police wears uniforms.

③ That her brother's umbrella is new.

④ The United States are one of the nuclear powers.

⑤ Why doesn't she teach her children manner?

⑥ My idea is quite different from him.

⑦ I have no bookcase(s), so I'll make it myself.

⑧ The house is my own's.

⑨ You should return the book to it's proper place.

6時間目　必勝問題

❖ヒント❖	❖解答❖
① advice, information, news などは、数えられない。	<u>advices</u> → advice
② the police は複数扱い。	<u>wears</u> → wear
③ a, this, that などは、所有格と並べてはいけない。	<u>That her brother's umbrella</u> → That umbrella of her brother's
④ the United States は単数扱い。	<u>are</u> → is
⑤ 「礼儀、作法」の意味では複数形。	<u>manner</u> → manners
⑥ his idea の意味を表さなければならない。	<u>him</u> → his
⑦ <u>a</u> bookcase の代名詞だから。	<u>it</u> → one
⑧ own's という使い方はない。	<u>own's</u> → own
⑨ it's は it is の短縮形。	<u>it's</u> → its

❖ 誤りのある部分を、正しい語になおせ ❖

① He patted me on my back.

② The Hawaiian Islands are in Pacific Ocean.

③ I have read thousand of books.

④ She is still in her twenty.

⑤ He seems impossible to understand you.

⑥ The news was much surprising to us.

⑦ I don't enjoy tennis, and I don't like swimming, too.

⑧ This article is inferior than the sample.

⑨ He is taller of the two boys.

6時間目　必勝問題

❖ヒント❖

① patted me on <u>the</u> back

② 川、海の名称には the を付ける。湖には付けない。

③ 「何千もの～」という意味。
three thousan<u>d</u> books「三千冊の本」の言い方にも注意。

④ 「20代」の表現に注意。「1980年代」は
in <u>the</u> (19)80's

⑤ impossible, convenient などは普通「人」を主語にしない。

⑥ ～ing は very で強める。

⑦ 否定文では either（もまた）。

⑧ be inferior (superior) to～
「～より劣って（優れて）」

⑨ 特定の二者のうちで、より～の方という意味では、比較級には the を付ける。

❖解答❖

<u>my</u> → the

<u>Pacific</u>
→ the Pacific

<u>thousand</u>
→ thousands

<u>twenty</u>
→ twenties

<u>impossible</u>
→ unable

<u>much</u> → very

<u>too</u> → either

<u>than</u> → to

<u>taller</u>
→ the taller

動詞・助動詞・前置詞・仮定法・時制・態・否定

❖ （　）にあてはまる語句を (1)〜(4) から選べ ❖

① It is said that they will get (　) soon.
　(1) marry　(2) to marry　(3) married　(4) marrying

② I am sure (　) his success.
　(1) for　(2) of　(3) that　(4) on

③ No man is free (　) faults.
　(1) to　(2) at　(3) from　(4) away

④ What do you mean (　) that?
　(1) by　(2) at　(3) for　(4) in

⑤ This picture always reminds me (　) my late mother.
　(1) for　(2) of　(3) about　(4) on

⑥ I suggested that he (　) at once.
　(1) started　(2) starts　(3) start　(4) will start

⑦ I prefer staying home (　) going skating.
　(1) for　(2) than　(3) to　(4) rather

⑧ On the way home we were (　) in a shower.
　(1) met　(2) got　(3) caught　(4) held

⑨ Let's go (　) a drive.
　(1) to　(2) for　(3) on　(4) in

6時間目　必勝問題

✣ヒント✣
① marry + 人 の marry は他動詞、
　get married（to 人）の married は形容詞。

② be sure（certain, confident, convinced）
　は、みな of が続く。

③ free from（of）～ は「～がない」という
　否定。

④ 「それはどういう意味か」

⑤ remind, inform, warn + 人 + of + 事

⑥ suggest, order, demand, insist などに続く
　節の中では原則として should か原形。

⑦ prefer A to B = like A better than B
　「BよりAが好き」

⑧ be caught in a shower「雨に降られる」
　be caught in a traffic jam
　　　　　　　「交通渋滞に遭う」
⑨ go for a drive
　go for a walk

✣解答✣
(3) married

(2) of

(3) from

(1) by

(2) of

(3) start

(3) to

(3) caught

(2) for

✤ (   ) にあてはまる語句を(1)〜(4)から選べ✤

① Congratulations (   ) your graduation !
　　(1) to　(2) on　(3) at　(4) for

② I can't for the life of me make (   ) what it means.
　　(1) in　(2) for　(3) out　(4) at

③ I want you to account (   ) your absence yesterday.
　　(1) for　(2) out　(3) to　(4) at

④ We were compelled to put (   ) with his insolence.
　　(1) in　(2) out　(3) up　(4) down

⑤ Never put (   ) till tomorrow what you can do today.
　　(1) in　(2) out　(3) away　(4) off

⑥ I waited for her for ages, but she did not turn (   ).
　　(1) down　(2) up　(3) out　(4) in

⑦ How did the accident come (   ) ?
　　(1) on　(2) about　(3) in　(4) out

⑧ You should read some periodicals to keep up (   ) the times.
　　(1) on　(2) to　(3) with　(4) for

⑨ We have to look (   ) the cause of the accident.
　　(1) at　(2) to　(3) into　(4) out

6時間目　必勝問題

❖ヒント❖

① congratulate ＋ 人 ＋ on ＋ 事「～を祝う」

② make out = understand

③ account for = explain

④ put up with = stand = endure = bear = tolerate「我慢する」

⑤ put off = postpone

⑥ turn up = appear

⑦ come about = happen

⑧ keep up with = keep pace with

⑨ look into = investigate「調査する」

❖解答❖

(2) on

(3) out

(1) for

(3) up

(4) off

(2) up

(2) about

(3) with

(3) into

❖ (　)にあてはまる語句を(1)〜(4)から選べ❖

① To be frank with you, I don't care (　) your sister.
　(1) in　(2) on　(3) at　(4) for

② His success resulted (　) his own efforts.
　(1) in　(2) from　(3) for　(4) of

③ Our plane took (　) from Kennedy Airport.
　(1) up　(2) away　(3) off　(4) in

④ Please drop (　) on me when you come this way.
　(1) in　(2) out　(3) off　(4) away

⑤ Hand (　) your homework by next Tuesday.
　(1) out　(2) for　(3) up　(4) in

⑥ That professor is looked up (　) by all the students.
　(1) to　(2) for　(3) at　(4) in

⑦ This bus is capable (　) carrying more than 80 passengers.
　(1) in　(2) for　(3) of　(4) at

⑧ The exhibition will take (　) from April 1 to May 5.
　(1) hold　(2) place　(3) show　(4) play

⑨ Our car broke (　) in the middle of a desert.
　(1) up　(2) down　(3) in　(4) off

6時間目　必勝問題

❖ヒント❖
① care for（否・疑）= like

② result from ⇔ result in

③ take off「離陸する」

④ drop in = visit「立ち寄る」

⑤ hand in = submit「提出する」

⑥ look up to = respect

⑦ be capable of doing = be able to do

⑧ take place = be held

⑨ break down = go wrong「故障する」

❖解答❖
(4) for

(2) from

(3) off

(1) in

(4) in

(1) to

(3) of

(2) place

(2) down

✤ (　) にあてはまる語句を (1)〜(4) から選べ ✤

① You should not make (　) of the new student.
(1) joy　(2) laugh　(3) fun　(4) pleasure

② The boy takes (　) his father in both looks and temperament.
(1) on　(2) after　(3) to　(4) before

③ Do you like the suit I have (　) ?
(1) in　(2) off　(3) at　(4) on

④ His father died young, and he was brought (　) by his uncle.
(1) in　(2) down　(3) off　(4) up

⑤ Mr. Smith is a difficult person to deal (　).
(1) of　(2) in　(3) at　(4) with

⑥ This work calls (　) a high degree of skill.
(1) for　(2) at　(3) in　(4) out

⑦ He is ashamed (　) being poor at English.
(1) of　(2) in　(3) for　(4) with

⑧ You can't make up (　) time once it is lost.
(1) for　(2) with　(3) of　(4) on

⑨ Did he come (　) that missing letter ?
(1) to　(2) for　(3) across　(4) in

⑩ Mr. Fox, you can count (　) me for financial help.
(1) on　(2) to　(3) with　(4) up

6時間目　必勝問題

❖ヒント❖

① make fun of「からかう」
  = tease, ridicule

② take after = resemble

③ have on = wear, be wearing

④ bring up = raise「育てる」

⑤ deal with = handle「扱う」

⑥ call for = demand = require「要求する」

⑦ be ashamed of「恥ずかしく思う」

⑧ make up for「うめあわせる」

⑨ come across「偶然見つける」

⑩ count on = depend on

❖解答❖

(3) fun

(2) after

(4) on

(4) up

(4) with

(1) for

(1) of

(1) for

(3) across

(1) on

❖ ( ) の中に適語を入れよ ❖

① You might ( ) well throw your money into the sea as lend it to him.

② I ( ) rather die than live in dishonor.

③ You ( ) better go to the seaside.

④ It is natural that you ( ) object to it.

⑤ If I were ( ) tell you all about it, you would be amazed.

⑥ The boy talks ( ) if he were a man.

⑦ If it had not been ( ) your help, I would have failed.

⑧ ( ) I in your place, I would not do so.

⑨ We cannot praise him ( ) much.

⑩ I never see you ( ) thinking of my brother.

⑪ Your composition has few, if ( ), grammatical mistakes.

✤ヒント✤

① might as well ～ as …
「…するのは～するようなものだ」

② would rather ～ than …
「…するよりはむしろ～したい」

③ had better do「～した方がよい」

④ 判断の節に表れる特別用法のshould。

⑤ If S were to do「仮にSが～すれば」

⑥ as if = as though「まるで～のように」

⑦ If it had not been for = But for
 = Without

⑧ Were I = If I were

⑨ cannot ～ too …
「いくら～してもしすぎることはない」

⑩ never ～ without …
「～すると必ず…する」

⑪ If any「たとえあるにしろ」は few, little に続く。seldom には If ever となる。

✤解答✤

as

would
 (or should)
had

should

to

as

for

Were

too

without

any

✤誤りのある部分を、正しい語になおせ✤

① They spoke each other.

② He resembles to his father.

③ Let's stop discussing about this problem.

④ He needs not get up so early in the morning.

⑤ He plays tennis every afternoon, and so is Helen.

⑥ He has bought more books than he can't read.

⑦ "Do you know who sent the letter?"
 "No, but I wish I do."

⑧ If I finished it yesterday, I would be free today.

⑨ Had it been not for your advice, I would have failed.

⑩ It's high time you leave for school.

6時間目　必勝問題

✤ヒント✤

① each other, one another は副詞ではなく代名詞。
speak to 人「人に話しかける」

②③ resemble, discuss, obey, approach, reach, answer 等は他動詞であることに注意。

④ need, dare は否定文、疑問文では助動詞になる。

⑤ plays を受ける代動詞。

⑥「読みきれないほど」という日本語に影響された誤り。

⑦ I wish の次には仮定法。

⑧ 前半は過去事実に対する仮定。

⑨ not は普通の位置でなければならない。

⑩ It is time〜 に続く節の中は仮定法過去。

✤解答✤

spoke
→ spoke to

② resembles to
→ resembles
③ discussing about
→ discussing

needs → need

is → does

can't → can

do → did

finished
→ had finished

been not
→ not been

leave → left

✤誤りのある部分を、正しい語になおせ✤

① When have you bought it?

② I'll call on you when it will be convenient for you.

③ The light went out while we had supper.

④ I surprised at the news.

⑤ Yesterday I was spoken by an American.

⑥ Twenty people injured in the accident.

⑦ Milk is made from butter.

⑧ You have to pay $1000 to the car.

⑨ I've eaten nothing but bread and cheese from Sunday.

⑩ Thanks for your homerun we won the game.

6時間目　必勝問題

✤ヒント✤	✤解答✤
① 疑問詞の When～ は、現在完了と共には使えない。	<u>have you bought</u> ➡ did you buy
② 時、条件の副詞節中では、未来形の代わりに現在形。	<u>will be</u> ➡ is
③ 意味から見て進行形でなければならない。	<u>had</u> ➡ were having
④ 感情表現に用いられる受動態。	<u>surprised</u> ➡ was surprised
⑤ spoke to me の受動態。	<u>spoken</u> ➡ spoken to
⑥ 被害表現に用いられる受動態。	<u>injured</u> ➡ were injured
⑦ be made from ⇔ be made into （原材料と製品との関係）	<u>from</u> ➡ into
⑧ pay for ＋ 物	<u>to</u> ➡ for
⑨ from は、現在完了とともに使うことはできない。	<u>from</u> ➡ since
⑩ Thank you for～ と混同してはいけない。	<u>for</u> ➡ to

✤各語を正しい順番に並べ替え、四番目に来る語句を答えよ✤

① 彼の家族に何か起こったにちがいない。
happened, to, must, something, have, family, his

② 彼女は若い時、よくいとこと間違えられた。
cousin, she, often, taken, was, young, when, her, for

③ 彼は何でも知っているような話し方をする。
talks, everything, as, he, knew, if, he

④ あんな親切な人はめったにいない。
find, kind, seldom, such a, you, man

⑤ 彼の説明は決して完全ではない。
explanation, from, his, is, perfect, far

⑥ 君がもう少しゆっくりできないのが残念です。
sorry, you, longer, I'm, can't, a, little, stay

⑦ あなたの幸運が私はうらやましい。
you, envy, luck, I, your, good

⑧ それでうんと手間が省けるでしょう。
you, save, a lot of, that, trouble, will

⑨ 彼がそう言うのももっともだ。
good, he, say, reason, so, has, to

⑩ まもなく彼は病気がよくなるでしょう。
before, well, it, long, won't, he, be, gets

6時間目　必勝問題

❖ヒント❖

① must have + 過去分詞「〜したにちがいない」
② be taken for「〜に間違えられる」
③ as if 〜 の構文。
④ 「いる、ある」を find を使って表す。
⑤ far from = anything but「決して〜ではない」
⑥ stay a little longer と続ける。
⑦ envy は二重目的をとる動詞。
⑧ save も二重目的をとる動詞。
⑨ have good reason to do = may well do
⑩ It won't be long before 〜 = Soon

・・・・・・・・・・・・・・・・・・・・・・・・・・・・・

❖解答❖

① Something must have <u>happened</u> to his family.
② She was often <u>taken</u> for her cousin when young.
③ He talks as <u>if</u> he knew everything.
④ You seldom find <u>such a</u> kind man.
⑤ His explanation is <u>far</u> from perfect.
⑥ I'm sorry you <u>can't</u> stay a little longer.
⑦ I envy you <u>your</u> good luck.
⑧ That will save <u>you</u> a lot of trouble.
⑨ He has good <u>reason</u> to say so.
⑩ It won't be <u>long</u> before he gets well.

句・節（準動詞・接続詞）

♣ （ ）にあてはまる語句を(1)〜(4)から選べ♣

① This used car is not worth (　　).
　(1) to buy　(2) buying　(3) being bought　(4) buy

② Illness prevented me (　　) attending the party.
　(1) to　(2) in　(3) except　(4) from

③ Please remember (　　) this letter for me when you go out.
　(1) posting　(2) post　(3) to post　(4) posted

④ I regret (　　) I can't consent to your plan.
　(1) to say　(2) saying　(3) say　(4) said

⑤ The doctor advised me (　　) somewhere for a change of air.
　(1) going　(2) go　(3) will go　(4) to go

⑥ This medicine will make you (　　) better.
　(1) to feel　(2) felt　(3) feel　(4) be felt

⑦ I got him (　　) my shoes.
　(1) repair　(2) repaired　(3) to repair　(4) to be repaired

⑧ I saw a strange dog (　　) our garden.
　(1) to enter　(2) enter　(3) to go　(4) go

6時間目　必勝問題

❖ヒント❖

① worth ～ing は主語を意味上の目的語としている。

② prevent, keep, prohibit ＋人＋ from ～ing

③ remember ＋ 不定詞は、忘れずに「未来」にする。

④ regret to say で be sorry that ～に近い表現。

⑤ advise, want, order ＋ 人 ＋ to 不定詞

⑥ make ＋ O ＋ 原形

⑦ get ＋人＋ to不定詞 ＝ have ＋人＋ 原形

⑧ see, hear, feel ＋ O ＋ 原形

❖解答❖

(2) buying

(4) from

(3) to post

(1) to say

(4) to go

(3) feel

(3) to repair

(2) enter

❖ (　) にあてはまる語句を (1)〜(4) から選べ ❖

① I caught him (　) pears.
　(1) to steal　(2) steal　(3) stole　(4) stealing

② I had my radio (　) by him.
　(1) to fix　(2) fix　(3) be fixed　(4) fixed

③ It goes (　) saying that might is not always right.
　(1) no　(2) not　(3) without　(4) never

④ I happened (　) him on the way.
　(1) meet　(2) meeting　(3) met　(4) to meet

⑤ He made every effort (　) to fail.
　(1) but　(2) only　(3) so　(4) as

⑥ He kept me (　) for more than an hour.
　(1) to wait　(2) waited　(3) wait　(4) waiting

⑦ It is worth (　) discussing the problem.
　(1) while　(2) when　(3) during　(4) for

⑧ My watch needs (　).
　(1) being repaired　(2) repaired　(3) to repair
　(4) repairing

6時間目　必勝問題

❖ヒント❖
① catch ＋ 人 ＋ 〜ing
　「〜している現場をとらえる、目撃する」
　pear「梨」
② have ＋ 物 ＋ 過去分詞

③ It goes without saying
　 = Needless to say

④ chance to do「偶然〜する」と同じ。

⑤「結果不定詞」の目印としての only。

⑥ keep ＋ 人 ＋ waiting「人を待たせる」

⑦ It は形式主語で 〜ing 以下をさす。
　while は名詞で worth の目的語。
　p.130 ① の表現と比較せよ。

⑧ need 〜ing の ing は受動の意味を持つ。

❖解答❖
(4) stealing

(4) fixed

(3) without

(4) to meet

(2) only

(4) waiting

(1) while

(4) repairing

❖ (　) にあてはまる語句を (1)〜(4) から選べ ❖

① Would you mind (　) off the radio?
　　(1) turning　(2) turn　(3) to turn　(4) turned

② What do you say to (　) fishing with me on Sunday?
　　(1) go　(2) gone　(3) going　(4) went

③ I had some trouble (　) his house.
　　(1) to find　(2) find　(3) found　(4) finding

④ How did you (　) to know him?
　　(1) become　(2) make　(3) come　(4) go

⑤ What's the use (　) helping him?
　　(1) of　(2) to　(3) on　(4) at

⑥ I'd like to have the prawn cocktail to begin (　).
　　(1) from　(2) at　(3) in　(4) with

⑦ He insisted (　) my paying the expenses.
　　(1) for　(2) at　(3) on　(4) to

✤ヒント✤

① mind の次は不定詞は誤り。

② 不定詞は誤り。

③ have trouble（またはdifficulty）+ (in) 〜ing
「〜するのに苦労する」

④ come to know = get to know

⑤ What's the use of 〜ing?
= It is no use 〜ing.

⑥ to begin with = first (of all)
= in the first place

⑦ insist on「主張する」

✤解答✤

(1) turning

(3) going

(4) finding

(3) come

(1) of

(4) with

(3) on

✤ （　）の中に適語を入れよ✤

① I got up so early (　) to be in time for the express.

② I got up early so (　) I would be in time for the express.

③ I work hard (　) fear I should fail.

④ We (　) hardly got on shore when it began to blow hard.

⑤ He had no (　) seen me than he ran away.

⑥ (　) matter what the matter may be, do your best.

⑦ There is (　) denying the fact.

⑧ It is (　) use trying to excuse yourself.

⑨ He was fired from his job, and, (　) is worse, his wife was killed in a traffic accident.

⑩ What with teaching, and (　) with writing, my time is fully taken up.

⑪ I cannot (　) laughing to hear such a story.

❖ヒント❖ ❖解答❖

① so ～ as to = ～ enough to 　as

② so that = in order that「～するように」　that

③ for fear ～ should = lest ～ should 　for
　「～しないように」

④ hardly (scarcely) ～ when … 　had
　「～するやいなや…」は過去完了形で使う。

⑤ no sooner ～ than … = hardly ～ when … 　sooner

⑥ No matter what = Whatever 　No
　「たとえ何が～でも」

⑦ There is no ～ing 　no
　= It is impossible to ～

⑧ It is no use ～ing 　no
　= There is no point in ～ing

⑨ what is worse「さらに悪いことには」　what

⑩ What with A, and what with B 　what
　「AやらBやらで」
　理由を表す。この what は副詞。

⑪ この help は avoid の意味。 　help

♣ ( ) の中に適語を入れよ ♣

① He sat reading, (   ) his wife knitting beside him.

② He had (   ) kindness to show me the way.

③ He is overworked, (   ) is usual with Japanese executives.

④ My mother has made me (   ) I am.

⑤ Take your umbrella with you in (   ) it rains.

⑥ As rust eats iron, (   ) care eats the heart.

⑦ Don't touch the book. Leave it (   ) it is.

⑧ No one was (   ) be seen on the street.

⑨ It is natural (   ) you to say so.

⑩ It was very careless (   ) you to tell him the secret.

⑪ It is a sweater of her (   ) knitting.

⑫ It is doubtful (   ) he will come or not.

6時間目　必勝問題

✣ヒント✣	✤解答✤
① 付帯状況を表す独立分詞構文には with をつけることができる。	with
②「特定の親切さ」だから the が必要。 have the + 名詞 + to do「〜にも…する」	the
③ as （前文を先行詞とする非制限用法の関係代名詞）	as
④ what I am「現在の私」	what
⑤ in case = for fear「〜するといけないので」	case
⑥ As……, so 〜「…であるように、〜」	so
⑦ as「〜の通りに、〜のように」 as it is「それがある通りに、あるがままに」	as
⑧ be + to 不定詞 の「可能」を表す場合。	to
⑨ for you to say so = that you should say so	for
⑩ It was very careless of you = You were very careless	of
⑪（名詞）of one's own 〜ing 「自分で〜した（名詞）」	own
⑫ whether A or not が実質主語。	whether

✤誤りのある部分を、正しい語になおせ✤

① I want a pen to write.

② He could not make himself understand in English.

③ Having not finished the work, I could not leave the office at five.

④ I decided not depending on my parents.

⑤ She avoided to answer my question.

⑥ I'll have finished this work by you come again.

⑦ Moment she entered the room, she began to cry.

⑧ I've lost the watch I bought it last month.

⑨ This is the house I lived in my early days.

⑩ That is the way how they got over many difficulties.

⑪ However they work hard, they will never succeed.

✤ヒント✤

① write <u>with</u> a pen と表すから。

② himself からみて「理解される」のであるから。

③ 準動詞の否定形は not を直前におくのが原則。

④ decide to do = decide on doing

⑤

⑥ after や before や since と異なり、by は前置詞のみで接続詞としては用いられない。

⑦ the moment (または the instant)
  = as soon as

⑧ 目的格の関係代名詞が省略されている。

⑨ live <u>in</u> と <u>in</u> my early days と二つの in が必要。

⑩ 関係副詞 how は先行詞をとらない。

⑪ However の直後に副詞・形容詞を置く。

✤解答✤

<u>write</u>
→ write with

<u>understand</u>
→ understood

<u>Having not</u>
→ Not having

<u>depending</u>
→ to depend

<u>to answer</u>
→ answering

<u>by</u>
→ by the time

<u>Moment</u>→
The moment

<u>bought it</u>
→ bought

<u>in</u> → in in

<u>the way how</u>
→the way
(または how)

<u>However they work hard</u>
→ However hard they work

✤各語を正しい順番に並べ替え、四番目に来る語句を答えよ✤

① 私は本当のことを知りたかった。
anxious, was, I, the truth, know, to

② 手伝ってやると言ったが嘘だった。
broke, he, help, his, me, promise, to

③ 目をさますと彼がベッドの横に立っていた。
I, bedside, at, find, him, my, standing, to, woke

④ 彼が行くかどうか、はっきりしていません。
doubtful, go, he, is, it, whether, or, will, not

⑤ 彼女は何に興味があると思いますか。
do, is, what, think, she, in, you, interested

⑥ それは彼が探していたものだった。
he, for, looking, what, that, was, was

⑦ 彼らはお金が足りないとこぼした。
complained, money, of, short, they, that, they, were

⑧ それをすると、いつも面倒に巻き込まれる。
I, that, do, get, whenever, I, trouble, into

⑨ 先生に何を読んだらよいかたずねなさい。
what, ask, read, to, your, teacher

✤ヒント✤

① be anxious to do = be eager to do
② break one's promise「約束を破る」
③ Woke to find という結果の不定詞を使う。
④ It is ～ whether … の形式主語構文。
⑤ do you think (suppose, say, believe, imagineなど)は疑問詞の次に入る。
⑥ 関係代名詞の what を使うことがポイント。
⑦ be short of ～「～が足りない」
⑧ get into trouble「面倒なことになる」
⑨ 「疑問詞＋不定詞」を使いこなせるか。

✤解答✤

① I was anxious <u>to</u> know the truth.
② He broke his <u>promise</u> to help me.
③ I woke to <u>find</u> him standing at my bedside.
④ It is doubtful <u>whether</u> he will go or not.
⑤ What do you <u>think</u> she is interested in?
⑥ That was what <u>he</u> was looking for.
⑦ They complained that <u>they</u> were short of money.
⑧ Whenever I do <u>that</u>, I get into trouble.
⑨ Ask your teacher <u>what</u> to read.

構文・熟語・口語会話表現・その他

✤ （　）にあてはまる語句を(1)〜(4)から選べ✤

① (　) do you think of the Giants?
　(1) How　(2) Which　(3) Who　(4) What

② That's (　) of your business.
　(1) no　(2) none　(3) nothing　(4) no matter

③ (　) you have to do is devote yourself to your studies.
　(1) Only　(2) Every　(3) That　(4) All

④ (　) wonder he didn't come.
　(1) No　(2) Never　(3) Not　(4) Without

⑤ He has done no work, so it will serve him (　) if he fails his exam.
　(1) good　(2) right　(3) enough　(4) wrong

⑥ (　) your step. It's slippery.
　(1) See　(2) Look　(3) Care　(4) Watch

⑦ How (　) they left you alone in the dark?
　(1) go　(2) come　(3) make　(4) do

⑧ I'm sorry I didn't (　) an appointment before coming.
　(1) take　(2) get　(3) do　(4) make

⑨ I can't (　) Americans from Canadians.
　(1) tell　(2) say　(3) speak　(4) talk

6時間目　必勝問題

✤ヒント✤	✤解答✤
① 「どう思うか」という日本語に引きずられてはいけない。	(4) What
② Mind your own business.「よけいなお世話」と同じ。	(2) none
③ all を用いて、全体として only の語感を表現する頻出構文、補語の部分の to 不定詞は to を省略できることに注意。	(4) All
④ No wonder ～.「どうりで～」	(1) No
⑤ serve someone right 「当然の報い、いい気味だ」	(2) right
⑥ Watch your step.「足元注意」 Watch your head.「頭上注意」	(4) Watch
⑦ How come ～? = Why is it ～? 「～はなぜか」	(2) come
⑧ make an appointment make a promise	(4) make
⑨ tell A from B = distinguish A from B = tell the difference between A and B = distinguish between A and B	(1) tell

145

✤ ( ) にあてはまる語句を (1)～(4) から選べ ✤

① There's nothing ( ) a good friend.
(1) as (2) so (3) like (4) more

② "How do you ( ) Japan?" "It's just wonderful."
(1) think (2) like (3) want (4) hope

③ What's the matter ( ) this radio?
(1) at (2) on (3) with (4) for

④ I had no other choice ( ) to leave my house.
(1) as (2) but (3) yet (4) have

⑤ It is ( ) to you to tell him.
(1) down (2) about (3) up (4) along

⑥ He made ( ) that he was asleep.
(1) pretend (2) look (3) see (4) believe

⑦ He was to leave his country ( ) good.
(1) for (2) in (3) till (4) during

⑧ He earns some money ( ) addition to his regular salary.
(1) in (2) on (3) at (4) above

⑨ We can't go out in this weather; it's ( ) the question.
(1) in (2) out of (3) off (4) over

⑩ I look ( ) Soseki as the greatest novelist Japan has ever produced.
(1) on (2) at (3) in (4) for

✤ヒント✤

① There's nothing like ～
「～ほどよいものはない」

② How do you like ～?
p.144 ② と比較せよ。

③ What's the matter with ～?
= What's wrong with ～?

④ have no (other) choice but to ～
「～するより仕方がない」
他に All one can do is + 原形もある。

⑤ It is up to + 人
「人の義務である、人次第である」

⑥ make believe = pretend「～のふりをする」

⑦ for good = forever「永久に」

⑧ in addition to ～ = beside ～

⑨ out of the question = impossible

⑩ look on A as B = regard A as B

✤解答✤

(3) like

(2) like

(3) with

(2) but

(3) up

(4) believe

(1) for

(1) in

(2) out of

(1) on

✤ （　）にあてはまる語句を(1)〜(4)から選べ✤

① That American is quite at (　) in things Japanese.
　　(1) home　(2) family　(3) house　(4) familiar

② Ten (　) one, he will get that disease.
　　(1) for　(2) in　(3) to　(4) of

③ I want to major (　) French literature in college.
　　(1) in　(2) at　(3) for　(4) to

④ Studying abroad will (　) you a lot of good.
　　(1) make　(2) give　(3) do　(4) get

⑤ I usually (　) weight in summer.
　　(1) give　(2) lose　(3) take　(4) slim

⑥ He is now much better (　) than before.
　　(1) away　(2) off　(3) in　(4) up

⑦ I met him (　) chance at the airport yesterday.
　　(1) on　(2) in　(3) for　(4) by

⑧ Japanese people used to sail to London (　) way of Marseilles.
　　(1) on　(2) in　(3) for　(4) by

⑨ Please take it (　), and don't work too hard.
　　(1) comfortable　(2) good　(3) fine　(4) easy

❖ヒント❖

① be at home in ～ = be familiar with ～
「～をよく知っている」

② ten to one = in nine cases out of ten
「十中八九」となる。

③ major in「専攻する」

④ do ～ good「～のためになる」

⑤ lose weight ⇔ put on weight
　　「やせる」　　　「太る」

⑥ well off = rich は「生活状態が～」と
いう形容詞

⑦ by chance「偶然」

⑧ by way of ～「～経由で」

⑨ take it easy「のんびりと～する」

❖解答❖

(1) home

(3) to

(1) in

(3) do

(2) lose

(2) off

(4) by

(4) by

(4) easy

✤ (　) にあてはまる語句を (1)〜(4) から選べ✤

① In reading the works of the author, it is important to read between the (　).
   (1) words　(2) pages　(3) sentences　(4) lines

② He was forced to live from hand to (　).
   (1) nose　(2) foot　(3) mouth　(4) face

③ Don't ask so many questions (　) a time.
   (1) at　(2) on　(3) in　(4) for

④ According to the weather forecast, it will rain on and (　).
   (1) in　(2) down　(3) above　(4) off

⑤ He comes to study with me (　) other day.
   (1) each　(2) the　(3) every　(4) all

⑥ She is improving step (　) step in her skill on the piano.
   (1) by　(2) for　(3) on　(4) over

⑦ Weather (　), I'll reach the summit of that mountain tomorrow.
   (1) permits　(2) to permit　(3) permitted　(4) permitting

⑧ Man should (　) peaceful use of atomic energy.
   (1) give　(2) make　(3) get　(4) see

⑨ If you have no pen, a pencil will do as (　).
   (1) good　(2) fine　(3) well　(4) wonderful

6時間目　必勝問題

❖ヒント❖
① read between the lines「行間を読む」

② from hand to mouth
　「その日暮らしの生活をする」

③ at a time「一度に」

④ on and off「時折」

⑤ the other day「先日」

⑥ step by step「一歩づつ」

⑦ weather permitting「天候が許せば」

⑧ make use of ～「～を利用する」

⑨ as well「同様に」

❖解答❖
(4) lines

(3) mouth

(1) at

(4) off

(3) every

(1) by

(4) permitting

(2) make

(3) well

✣ ( ) にあてはまる語句を (1)〜(4) から選べ ✣

① That hat goes well ( ) her spring outfit.
　(1) to　(2) with　(3) for　(4) on

② He hung ( ) after he completed his telephone conversation with his wife.
　(1) on　(2) down　(3) in　(4) up

③ John has two days ( ) each week.
　(1) off　(2) out　(3) away　(4) over

④ The family consists ( ) Mr. and Mrs. Smith and their two sons.
　(1) in　(2) of　(3) from　(4) at

⑤ You must carefully compare the translation ( ) the original.
　(1) on　(2) for　(3) at　(4) with

⑥ "I think he was pleased."
　"( ) the contrary, he got angry."
　(1) In　(2) On　(3) To　(4) For

⑦ You should ( ) the most of your opportunities.
　(1) do　(2) get　(3) make　(4) see

⑧ They drove the car ( ) turn.
　(1) in　(2) of　(3) on　(4) for

⑨ Let's go ( ) for lunch.
　(1) French　(2) English　(3) Spanish　(4) Dutch

✤ヒント✤
① A go well with B「AはBと似合う」

② hang up ~「~を切る」

③ day off「休暇」

④ consist of ~「~で構成されている」

⑤ compare A with B「AをBと比較する」

⑥ on the contrary「反対に」

⑦ make the most of ~
　「~を最大限に利用する」

⑧ in turn ｝「順番に」
　 by turns

⑨ go Dutch「割り勘にする」

✤解答✤
(2) with

(4) up

(1) off

(2) of

(4) with

(2) On

(3) make

(1) in

(4) Dutch

✤ ( ) の中に適語を入れよ ✤

① He has both experience (　) scholarship.

② Not only he (　) also his wife is kind to us.

③ I had not waited long (　) he appeared.

④ People do not know the blessing of health (　) they lose it.

⑤ A little more effort, (　) you will succeed.

⑥ It is true its flower is beautiful, (　) it bears no fruit.

⑦ Who in the (　) are you?

⑧ The news gave him such a shock (　) his face turned white.

⑨ Start at once, (　) you will be late.

⑩ Who was it (　) broke the window?

⑪ (　) occurred to me that he might be ill.

6時間目　必勝問題

✤ヒント✤	✤解答✤
①	and
② 主語は his wife なので be 動詞が is になる。	but
③	before (*or* when)
④ S not A until B 「S は B して初めて A する」	until (*or* till)
⑤	and
⑥ 譲歩構文	but
⑦ in the world「いったい」	world
⑧ such A that B「非常に A なので B」	that
⑨ 命令文 A or B 「A しなさい、さもないと B」	or
⑩ 強調構文	that
⑪ It occurred to 人間 that ～ 「～が頭に浮かんだ」	It

動詞句

- **carry out** = perform = accomplish（実行する）
- **add to** = increase（増す）
- **find fault with** = criticize（あら探しする）
- **pass away** = die（死ぬ）
- **wait for** = await（〜を待つ）
- **catch up with** = overtake（追いつく）
- **keep up with**（遅れないようについていく）
- **come up with** = present（提出する）
- **answer for** = guarantee（保証する、請け合う）
- **blow up** = explode（〜を爆破する）
- **get over** = overcome（〜に打ち克つ、〜を克服する）
- **get rid of** = remove（〜を取り除く）
- **give in [way]** = yield（屈服する）
- **give up** = stop（〜をやめる）
  = abandon（〜をあきらめる）
- **stand by** = support（味方する、支持する）
- **stand for** = represent（表す、象徴する）
- **pick out** = select（選び出す）
- **pick up**（拾う、車に乗せる）
- **set off [out]** = start = depart（出発する）
- **put up with** = endure = stand = bear = tolerate（我慢する）
- **put off** = postpone（延期する）
- **put out** = extinguish（〜を消す）
- **leave out** = omit（省く）
- **count for much** = matter much（重要である）
- **cut down** = reduce（削減する）
- **make out** = figure out = take in = understand = comprehend
  （理解する）

6時間目　必勝問題

♣♣♣♣♣♣ 動詞句 ♣♣♣♣♣♣

➤ **make up for** = compensate for
　（〜を償う、〜の埋め合わせをする）
➤ **make fun of** = ridicule, tease（からかう）
➤ **make believe** = pretend（〜のふりをする）
➤ **make a fool of** = mock（〜をバカにする）
➤ **make use of** = avail oneself of = utilize（利用する）
　◎ **take advantage of** は利用するというより、「つけ込む」という感じ（=exploit）
➤ **take part in** = participate in（参加する）
➤ **take pride in** = pride oneself on = boast of [about]
　（〜を自慢する）
➤ **rely on** = count on = depend on（〜を頼る）
➤ **have on** = wear, be wearing（〜を着ている）[状態]
　◎ **put on**は「〜を着る」という動作。
➤ **look into** = go into = inquire into = investigate（調べる）
　◎ **inquire after**は「〜を見舞う」
➤ **look up 〜 in the dictionary** = consult a dictionary
　（辞書をひく）
➤ **go with** 〜 = match 〜（〜に似合う、〜と調和する）
　［〜の部分に人間を入れることはできない］
　｛ The shoes **go with** her dress.
　｛ ×The shoes go with her.
　　ただし、The shoes become her.

これですべて終わりです。
みなさんが合格されることを、
南雲堂の人たちと共に、
心から祈っています。
それでは、さようならー！

尾崎哲夫（おざきてつお）　Tetsuo Ozaki

　1953年大阪生まれ。1976年早稲田大学法学部卒。松下電送機器（株）を経て、2000年早稲田大学大学院アジア太平洋研究科修士課程修了。現在、近畿大学経済学部教授。
　著書に『ビジネスマンの基礎英語』〈日本経済新聞社〉／『海外個人旅行のススメ』『海外個人旅行のヒケツ』『中学生の英語』〈以上、朝日新聞社〉／『法律英語入門』〈自由国民社〉／『大人のための英語勉強法』『TOEIC®テストを攻略する本』〈以上、ＰＨＰ研究所〉／『英検サクセスロード』（各級）『英検エクスプレス』（各級）〈以上、南雲堂〉がある。
http://www.ozaki.to

英検2級サクセスロード　CD付　〈改訂新版〉

2005年 6月21日　1刷

著　者	尾　崎　哲　夫
発行者	南　雲　一　範
印刷所	誠志堂印刷株式会社
製本所	有限会社　松村製本所
発行所	株式会社　南　雲　堂

東京都新宿区山吹町361番地／〒162-0801
電話　東京 03（3268）2311（営業部）
　　　東京 03（3268）2387（編集部）
振替・00160-0-46863　ﾌｧｸｼﾐﾘ・03(3260)5425

Printed in Japan　　　　　　　　　〈検印省略〉
乱丁・落丁本はご面倒ですが小社通販係宛ご送付下さい。
送料小社負担にてお取替えいたします。

ISBN4-523-26454-6　C0082　〈1-454〉

E-mail：nanundo@post.email.ne.jp
URL：http://www.nanun-do.co.jp